犯罪心理全档案

第三季

凝视深渊 著

U0781584

台海出版社

图书在版编目（CIP）数据

犯罪心理全档案.第三季 / 凝视深渊著 . -- 北京：
台海出版社，2019.6
ISBN 978-7-5168-2337-8

Ⅰ.①犯… Ⅱ.①凝… Ⅲ.①犯罪心理学－普及读物
Ⅳ.① D917.2-49

中国版本图书馆 CIP 数据核字（2019）第 071511 号

犯罪心理全档案 · 第三季

著　　者：凝视深渊

责任编辑：王慧敏　贾风华
责任印制：蔡　旭

出版发行：台海出版社
地　　址：北京市东城区景山东街 20 号　邮政编码：100009
电　　话：010 — 64041652（发行，邮购）
传　　真：010 — 84045799（总编室）
网　　址：www.taimeng.org.cn/thcbs/default.htm
电子邮箱：thcbs@126.com

经　　销：全国各地新华书店
印　　刷：天津旭非印刷有限公司
本书如有破损、缺页、装订错误，请与本社联系调换

开　　本：710 毫米 × 1000 毫米　1/16
字　　数：190 千字　　　　　印　　张：15.25
版　　次：2019 年 6 月第 1 版　印　　次：2020 年 1 月第 1 次印刷
书　　号：ISBN 978-7-5168-2337-8

定　　价：49.80 元

前　言

　　犯罪是人类社会自古以来就存在的顽疾。人类社会的发展与进步就是一部与犯罪行为做斗争的历史。探索罪犯的内心世界，了解他们为何会实施形形色色的犯罪行为，是一个令人着迷的领域。在这个领域中，最有挑战性，也最吸引人的是对凶杀案，尤其是连环杀手犯罪心理的研究。在各种各样的罪犯中，连环杀手无疑是最疯狂、最残忍，也最令人费解的异类。他们无法控制自己的杀戮欲望，只有杀人才能平息他们内心的躁动不安，他们就像干渴的人渴望水一样渴望鲜血。所以，期望他们能够主动放下手中的屠刀是不现实的，连环杀手要么自杀，要么被捕，否则，他们就会一直寻找和屠杀"猎物"。

　　连环杀手的内心世界是最为阴暗、扭曲的。他们性侵、虐待、肢解被害人，甚至有以人为食的欲望。如此变态的精神世界是如何形成的呢？他们是天生的罪犯，有着一颗与常人不同的大脑？或者他们有着特殊的人生经历，尤其是童年时生活在贫穷、混乱、暴力的环境中？或者他们曾受到过常人无法想象的痛苦和伤害，导致一个普通人变成了恶魔？每个连环杀手都有自己的故事，他的罪行不过是其漫长的成长之路上结出的罪恶果实。

　　了解连环杀手，最好的办法就是读懂他们的故事。这不仅仅是为了猎奇，更是为了了解错综复杂的人性，了解我们自己。人性是神性与兽性的结合体，在我们每个人的内心世界中都潜伏着一头怪兽，当它被某种微妙的因素唤醒时，我们也可能成为罪犯，甚至是罪犯中最恐怖的连环杀手。所以，我们需要在开阔视野的基础上自我修炼和完善，让自己的人生道路始终沿着正确的方向延伸，获得每个人都渴望的人生幸福。

这套《犯罪心理全档案》是作者长期关注连环杀手犯罪，多年收集、整理材料，解析连环杀手犯罪心理的成果。在此之前，作者已经创作和出版了多部犯罪心理著作。作为作者的集大成之作，相信《犯罪心理全档案》会给读者带来崭新的阅读体验和启迪。

目 录

Criminal Psychology

以杀人为追求的女人——

简·托帕

1901 年，马萨诸塞州洛厄尔市的奥尔登一家 4 口在一个月内全部离奇死亡。奥尔登家的亲戚都觉得很奇怪，于是就报了警。法医在对奥尔登一家的尸体进行检查的时候，在奥尔登的女儿米妮的体内发现了毒药残留。于是，一个名叫简・托帕的女人被当成重要嫌疑人抓了起来。

奥尔登家曾将房子租给托帕，后来托帕没按期交房租，房东太太就上门讨要房租，结果被托帕毒杀。后来托帕以照料者的身份住进了奥尔登家，专门照料年迈的奥尔登。在托帕搬进奥尔登家后不久，奥尔登的两个女儿吉纳维芙和米妮便先后死亡。后来就连奥尔登也死了。

托帕在被警方逮捕的时候，正在给一名男子下药，她似乎并不想毒死该男子，只是通过下药控制他。原来托帕在杀死奥尔登一家后就搬回了养父母的家乡，她发现养父母收养的另一个女儿艾德娜的丈夫似乎对自己有意思，为了得到姐夫的喜爱，她就下毒杀死了艾德娜，之后又给姐夫下毒，她控制了剂量，让姐夫不至于丧命，也没有机会求救。

托帕被捕后交代了 31 起谋杀案，她表示自己并不是一个疯子，只是喜欢杀人，而且强调自己在杀人的时候十分清醒。她虽然很清楚地知道自己在做什么，却无法理解自己为什么要杀人，她对自己喜爱杀人的行为也感到非常困惑。据说，托帕虽然交代了 31 起谋杀案，但实际上死在她手上的人超过了 100 个。托帕曾表示自己的人生追求就是杀更多的人。

1902 年 6 月 23 日，托帕在巴恩斯特布尔县法院接受了审判，最终因精神病被判无罪，但她需要终身住在精神病院，因为当局认为托帕一定有病，不然不会杀死那么多人。1938 年，84 岁的托帕在精神病院去世。

1854 年 8 月 17 日，托帕出生在一个爱尔兰移民家庭里，她的父亲名叫彼得·凯利，母亲名叫布丽吉特，父母给她取名为霍诺拉·凯利。霍诺拉有两个姐姐，大姐名叫内莉，二姐名叫迪莉娅。

霍诺拉还没来得及享受母爱的温暖，她的母亲就因肺结核去世了。彼得是个酒鬼，在妻子去世后不久他就开始打算将孩子们送走。1863 年，彼得带着孩子们来到了波士顿女子庇护所，将两个小女儿送了进去，只留下了大女儿内莉。这是一家孤儿院，专门接受贫困的女童。从那以后，霍诺拉再也没见过父亲。

据传言，彼得不久之后就变得疯疯癫癫起来，甚至还用针线将自己的双眼缝了起来。内莉后来也因为精神失常被送进了精神病院，迪莉娅则沦落风尘，成了一名站街女。而霍诺拉在孤儿院待了两年后，被一户人家收养，名义上是收养，实际上是养父母的女仆。这户人家的女主人名叫安·托帕，霍诺拉也因此改名为简·托帕。

11 年后，托帕进入马萨诸塞州的剑桥医学院学习，并成了一名护士。在周围人看来，托帕是个开朗健谈的少女，她甚至还是派对上的明星，人们都喜欢叫她"快乐简"；实际上，托帕是个很喜欢撒谎的人，她总是对人们说，自己的父亲远在中国，姐姐嫁给了一个英国贵族，甚至沙皇还邀请她去宫廷做护士。此外托帕还有小偷小摸的毛病，她喜欢偷病人和其他护士的东西，她十分享受偷窃所带来的刺激感。

后来，托帕开始利用自己所掌握的毒理知识杀人，她经常擅自给病人注射吗啡或阿托品，并且会随意更改药品剂量，从而观察病人在毒性的作用下会发生什么反应。渐渐地，托帕掌握了一套让病人反复处于濒死状态的注射剂量，并且能从病人在死亡边缘挣扎的痛苦中获得快感。

托帕很喜欢先给病人注射大量的吗啡，然后用一种十分迷恋的眼神看着病人如何在毒性的作用下收紧瞳孔、呼吸变得急促起来，当病人快要昏迷过去的时候，托帕会将准备好的阿托品注射到病人体内。阿托品的主要作用是阻止迷走神经的功能，会使病人的瞳孔放大、心跳加速。于是病人在两种毒性注射剂的作用下变得痛苦不堪，会出现强烈的颤抖、痉挛，这恰恰是托帕最喜欢看到的反应。最后病人会在毒性注射剂的折磨下死去。

此外，托帕还很喜欢在病人颤抖、痉挛之际和病人躺在一起，她会用充满性欲意味的手法抚摸病人，甚至会对病人进行性侵害。

托帕虽然暗中杀死了许多病人，但她是个十分擅长欺瞒和操纵他人的人，周围的人，包括医院管理者在内，都觉得她是一个很优秀的护士，甚至还将她推荐到了马萨诸塞州综合医院工作。

在马萨诸塞州综合医院，托帕依旧暗中毒杀病人。由于一下子死了这么多病人，院方开始怀疑起托帕了，不过院方并没往杀人的方向怀疑，只觉得托帕工作不认真，于是就将她开除了。后来，托帕回到了剑桥医院，不过她很快再次因乱用药物被开除。在当时，人们都没觉得托帕在处心积虑地杀死病人，只将病人的死归结于托帕的粗心大意。

对于像托帕这样十分迷恋杀人的连环杀手来说，护士这个职业是最方便她继续杀人的，于是托帕成了私人护士，专门照顾有钱的老人，一边享受杀人的快感，一边侵吞着被害人的财产。

1899 年，养父母的女儿伊丽莎白也被托帕杀死。

除了被托帕杀死的病人外，还有一些病人成功在托帕所注射的毒剂下活了下来，例如阿米莉亚·菲尼。在托帕被捕后，阿米莉亚从报纸上得知了托帕所犯下的罪行，她立刻想起了 14 年前的一段恐怖经历。

1887 年，阿米莉亚 36 岁，因子宫溃烂入院接受治疗。当时阿米莉亚觉得托帕是一个十分亲切的护士，根本想不到托帕想要杀死自己。托帕递给阿米莉亚一杯饮品，并说喝下可以缓解疼痛，阿米莉亚并未怀疑，就喝了下去。不一会儿，阿米莉亚开始觉得不对劲儿，她非常想睡觉，而且觉得四肢发麻。实际上，阿米莉亚喝下的是一杯吗啡。

迷迷糊糊中，阿米莉亚开始怀疑托帕。这时，阿米莉亚感觉到托帕好像上床和自己躺在了一起，她感觉托帕在抚摸、亲吻自己。一会儿后，阿米莉亚感觉托帕又喂给自己一杯饮品。这是一杯阿托品，可以中和吗啡的药效。就在这时，阿米莉亚感觉托帕突然起身，并迅速离开了病房，原来有人进来了。之后，阿米莉亚就得救了。事后，阿米莉亚选择将此事隐瞒下来，她有时候甚至觉得自己经历了一场噩梦。直到托帕被捕后，阿米莉亚才恍然大悟，自己那天差点死在托帕这个看起来十分亲切的护士手中。

【病态的刺激】

与许多女性连环杀手不同，托帕杀人只是为了享受杀戮带给自己的快感，并非为了钱财。在被捕之后，托帕表示自己会经常回想起杀人的行为，她也会去想被害人亲属的处境，但她却无法体验到杀人是怎样严重的行为，她也感受不到难过和悲伤，她只是很喜欢看到病人在吗啡和阿托品的影响下痛苦不已的样子，每当这时她就会获得一种快意的满足。

与正常人不同，托帕没有任何自然的情感，于是她终其一生都在追求病态的刺激，而每当她看到病人在毒剂的作用下垂死挣扎的时候，就会体验到兴奋感。这是典型的精神变态者所具有的特点。

当一个正常人去欺骗、偷窃或杀人的时候，他大脑中的杏仁核就会发挥作用，他会因此产生恐惧、悲伤、愧疚的感觉，从而控制自己的行为，避免自己做出不道德、违法犯罪的事情来。但对于精神变态者来说，他大脑中的杏仁核长期处于怠工状态，也就是说，像托帕这样的人是没有恐惧、悲伤和愧疚的感觉的，因此精神变态者无法理解和体验被害人的情感。对于托帕来说，站在被害人及其家属的角度来看待自己所犯下的罪行是一件极其困难的事情，甚至可以说是一件无法做到的事情。

当然托帕也并非毫无情感体验，每当她偷窃、杀人的时候，她就会感觉到快乐。这显然是一种非常病态的刺激追求，不过对于托帕来说这是她很少会体验到的情感，于是她将这种病态的刺激作为自己人生中唯一的快乐追求。

托帕除了是个精神变态者外，还有一个悲惨的童年，而这也促使她成了一个变态连环杀手。托帕出生在一个十分贫困的家庭里，父亲是一个不负责任的酒鬼，母亲早逝。后来托帕被送进了孤儿院，并很快找到了寄养家庭。安·托帕虽然是她的养母，却将她当作女仆使唤。长大后，托帕虽然变成了一个人见人爱的少女，但她有着深度的人格障碍，例如撒谎、小偷小摸等。这是她变态人格的初步表现，直到她发现杀人能给她带来无可替代的快感。

Criminal Psychology

在三千余人围观下被绞死——

约翰·黑格

　　1949 年 2 月 20 日，英国伦敦的警方接到报案，一个名叫奥利弗的富婆失踪了。奥利弗是个 69 岁的寡妇，报警者是奥利弗的朋友，他在奥利弗失踪两天后就觉得不对劲儿了，于是就报了警。他告诉警方，奥利弗失踪前曾说要去一个名叫约翰·黑格的男人家。

　　奥利弗的朋友告诉警方，黑格曾对奥利弗说，他是个工程师，而奥利弗恰恰想制造美甲来做生意，黑格表示他会做美甲设计。2 月 18 日，黑格对奥利弗说，他已经完成了美甲的设计，希望奥利弗去看看，结果奥利弗一去不返。

　　黑格在警察局留下了许多不良记录，例如诈骗、赌博欠债等，警方认为奥利弗的失踪一定与黑格密切相关，于是就将黑格当成了奥利弗失踪案的第一嫌疑人。后来警方在一家干洗店内发现了奥利弗的毛皮大衣，奥利弗失踪前正好穿着这件毛皮大衣，警方从干洗店店员那里了解到，送毛皮大衣来的人正好是黑格。

　　将黑格逮捕之后，警方搜查了他的工作间，在花园里发现了一个袋子，袋子里装着一些不明物体，还有一只人脚。此外警方还发现了许多失踪者的物品，例如威廉·麦克斯旺和阿奇博尔德·亨德森的文件。

　　警方将袋子里的东西带回去化验，化验结果显示，那些不明物体是已经被腐蚀的人体组织。后来病理学家基斯·辛普森在对黑格工作室的烂泥进行进一步化验的时候，发现了三颗人类的胆结石。

1909 年 7 月 24 日，黑格出生在一个很保守的宗教家庭里，他的父母都是宗教人士，同时也是工程师，同为普利茅斯弟兄会的成员。

从黑格记事起，父母就对他管教得十分严格，他不仅要谈吐优雅、学习成绩优秀，还要严格遵守教规。

为了避免黑格被其他的孩子教坏，父母从来不让他出去玩，让他在家里学习钢琴和古典音乐，甚至还将房子用一圈栅栏围起来，栅栏足足有 3 米高，黑格根本无法出去，只能在栅栏内活动。

黑格虽然学习成绩很优秀，曾在伊丽莎白文理学校拿过奖学金，但长时间的与世隔绝，却让他的性格变得非常阴郁，每天都显得很不高兴。在黑格的童年记忆里，唯一能让他快乐的事情就是与家里的宠物狗一起玩耍。

上大学时，黑格按照父母的要求去学习电机工程，但他没有坚持多长时间就放弃了。此时的黑格意识到，自己已经完全脱离了父母的掌控，他决定按照自己的心意来生活。他找了一份保险业和广告业的工作，但工作没多长时间，黑格就因涉嫌盗窃公司财产而被开除。

1934 年，黑格认识了一个名叫贝蒂·比阿特丽斯的女子。当时贝蒂才 21

岁，她深深地被黑格英俊的外貌和身上与众不同的魅力所征服。在两人认识后不久，黑格就与贝蒂结婚了。

婚姻并未让黑格学会负责任，他还是到处诈骗，最终在 10 月因诈骗罪入狱，当时他与贝蒂的婚姻才维持了短短的 4 个月。在黑格服刑期间，贝蒂为他生下了一个女儿。贝蒂带着女儿去监狱看望了黑格一眼，之后就将女儿送人了，而自己也离开了黑格。黑格的父母难以忍受儿子如此堕落，从此也与黑格断了联系，这对黑格来说却是一件好事，他终于不用再受管束了。

出狱后，黑格来到了伦敦，他并未按照父母的期待痛改前非，反而骗术更加精湛，他开始假扮成功人士骗钱。他看起来风度翩翩，又能说会道，别人很容易上当受骗，例如游乐场的老板威廉·麦克斯旺。

威廉很喜欢黑格，将黑格介绍给了自己的父母认识。威廉的父母很有钱，在父母的帮助下，威廉能轻松赚到很多钱，这让黑格十分眼红。威廉的父母也非常喜欢黑格，尤其是威廉的父亲唐纳德，他甚至还邀请黑格来游乐场工作，并在黑格拒绝后失落了很长时间。

1937 年，黑格在冒充律师实施诈骗的时候，因写错了一个单词而被怀疑，然后黑格就再次因诈骗罪入狱，这次他被判了 4 年。

监狱里的黑格一直在思考自己为什么会被判入狱，他将所有的原因都归结在被害人身上。他想出了一个好办法来避免警察的怀疑，他得把目标人物杀死，然后将死者的资产变卖掉，这样他就能得到死者的全部财产了。但这是比诈骗更严重的罪行，如果被警察抓住了，就要被绞死。那么怎样才能不让警方发现自己杀人了呢？黑格认为只要没有尸体，就不会有人发现他杀人了，他要做的就是让尸体消失掉。

后来黑格从法国发生的一起案件中找到了如何使尸体消失的灵感。法国有一个杀人犯叫乔治斯－亚历山大·萨雷，他为了销毁被害人的尸体，就将尸体浸泡在硫酸中，让硫酸将尸体慢慢地溶解掉。

为了验证硫酸是否能溶解尸体，黑格还专门贿赂狱警得到了一瓶硫酸，他决定用监狱里的老鼠来做实验。当黑格将老鼠的尸体浸泡在硫酸中时，老鼠的尸体开始一点点溶解，半个小时后就完全溶解掉了。

1941年，黑格出狱了，他并未马上开始实施自己的杀人计划。1944年，出狱3年的黑格遭遇了一场车祸，导致他的大脑受伤。出院后，黑格开始频繁做一个噩梦，梦中他被钉在一个十字架上无法动弹，有人不停地往他身上淋血，直到血液将他淹没，使他无法呼吸。黑格觉得这个噩梦是在提醒自己，得开始实施自己的杀人计划了，这样他才能赚大钱。为了计划顺利进行，黑格在格勒斯特路79号租了一个房间，将此地当成了自己的工作间。

1944年9月，黑格在肯辛顿的山羊酒吧里遇到了威廉。威廉很长时间没见过黑格了，看到黑格后十分高兴，并邀请黑格到自己家里去。在威廉的家里，两人聊了很长时间。威廉非常信任黑格，而黑格则在谈话间有意套话，得到了有关威廉财产的信息。黑格知道威廉很有钱后，就决定朝威廉下手，临走前他发出了邀请，约威廉第二天到他的工作间做客。

第二天，威廉准时来到了黑格的工作间。威廉一进门，黑格就趁其不备用棍子将他打晕，然后拿出一把刀直接将威廉杀死。黑格将威廉的尸体扔到了一个40加仑的大桶内，并倒入了硫酸，看着威廉的尸体按照自己所预想的样子一点点溶解时，黑格兴奋不已。但是威廉的尸体并未完全被溶解掉，还留下了一些残渣，这些残渣都被黑格倒入了泄水孔。

杀死威廉后，黑格就住进了威廉的房子里，还帮着威廉的父母收取各种房产的租金。威廉失踪后，唐纳德和妻子首先就怀疑上了黑格，但黑格却告诉他们，因为第二次世界大战，威廉本应该服兵役，他不想服役，就躲到苏格兰去了。不久之后，唐纳德就收到了威廉从苏格兰寄来的明信片，于是他相信了黑格的说辞，放弃了报警。事实上，那些明信片都是黑格寄来的。

在战争结束后，麦克斯旺夫妇还是没有等到儿子的音讯，他们就去问黑格。黑格害怕麦克斯旺夫妇报警，就决定将他们杀死，这样他还能将麦克斯旺家的所有财产都拿到手。为此，黑格还专门购买了一个特制浴缸，他决定在这个浴缸里处理麦克斯旺夫妇的尸体。

1945 年 7 月 2 日，麦克斯旺夫妇来到了黑格的工作间，因为黑格告诉他们，有威廉的消息了。黑格将麦克斯旺夫妇骗到地下室，然后将他们打晕并杀害。

在麦克斯旺夫妇死后的一周，黑格开始伪造文件和变卖麦克斯旺家的资产，例如游乐场，这下黑格一共得到了 6000 英镑，这在当时是一笔巨资。

黑格很快就将这笔巨款给花完了，因为他喜欢赌博，钱都被他输光了。没了钱，黑格又打起了诈骗杀人的主意。黑格在看报纸的时候，看到了一则卖房子的广告，他决定将房子的主人杀死，然后侵吞掉这栋房子，于是他就按照报纸上的电话联系到了房主——阿奇博尔德·亨德森医生，并与阿奇博尔德约好了看房子的时间。

在约定那天，黑格将自己打扮成了一个得体的绅士，当亨德森夫妇看到黑格后，立刻对他产生了好感。之后，黑格开始和亨德森夫妇聊天，以得到他们的信任。当黑格得知亨德森夫妇很喜欢音乐时，就对他们说自己也是个音乐迷，他手中还有一张十分珍贵的唱片，他表示希望亨德森夫妇也能欣赏到这张唱片中流淌出来的美妙音乐。亨德森夫妇一听自然十分有兴趣，就和黑格约定了一个时间，到黑格的住所去。黑格回到家后，就开始准备杀人工具，还多买了3罐硫酸。

1948年2月12日，阿奇博尔德按照约定来到了黑格位于克劳利的住所。阿奇博尔德一走进黑格的住所，就被黑格一棍子击晕了。由于阿奇博尔德的妻子罗丝没有来，为了防止她起疑心，黑格就决定将她也骗来杀死。

黑格给罗丝打了个电话，说阿奇博尔德突发急病，让罗丝赶紧过来查看一下。与丈夫一样，罗丝一进门就被击晕了。黑格将两人杀死后，将他们的尸体扔到了浴缸里，里面都是硫酸。这次毁尸进行得并不彻底，阿奇博尔德的一只脚没有被溶解掉，后来黑格将这只脚和硫酸里的碎渣都埋在了花园的角落里。

接下来，黑格开始伪造文件转移亨德森夫妇的财产。亨德森夫妇十分有钱，黑格变卖完他们的财产后，得到了8000英镑。不过这笔钱黑格用了不到一个星期，就全都输光了。在被警察怀疑时，黑格说阿奇博尔德做了一次违法的堕胎手术，为了躲避牢狱之灾，逃到南非去了，临走前将财产托付给自己保管。

在黑格因涉嫌杀害奥利弗被捕后，他觉得自己不久就会被无罪释放，因为警方根本找不到尸体，他以为警方只有找到了尸体才能以杀人罪起诉他。当警方在黑格住所的花园里找到了大量残渣后，就将残渣送到了法医那里，法医所提供的检验结果依旧可以作为证据起诉黑格杀人罪，甚至给他定罪。

在证据面前，黑格只能承认自己的罪行。除了警方所确定的6起杀人案外，黑格还提到了另外3个被害人——一个叫麦克斯的年轻人，一个叫伊斯特本的女孩和一个来自海默斯密斯的女人。最后黑格开始装疯卖傻起来，他知道精神病患者不会被处死，于是他说自己是吸血鬼，杀人只是为了喝血。但警方根本不相信黑格的鬼话，甚至觉得黑格所说的另外3个被害人是虚构的，目的是让警察觉得他是个精神病。

在旺兹沃思的一个法院里，黑格接受了审判。黑格的辩护律师企图为他进行精神病辩护，他声称黑格在作案时正处于精神病发作期，他应该被送到精神病院接受治疗。但法官根本没有理会辩护律师的辩护，直接给黑格判了死刑。

1949 年 8 月 10 日，这天是黑格被执行绞刑的日子，绞刑台周围聚集了3000 多名围观者。在 20 世纪 40 年代的英国，黑格的案件受到了许多人的关注，报纸用了大量的篇幅来报道黑格所犯下的谋杀案。

【人格异常者的特征】

当一个风度翩翩且智商很高的人出现在人们面前时，许多人都会对他产生好感。而这两个特征也恰恰是人格异常者所拥有的，许多人都会被人格异常者富于魅力的外表和高智商所吸引，乐于和他成为好朋友。例如威廉一家就轻易地被黑格所欺骗，不是因为威廉一家好骗，而是因为像黑格这样的人格异常者拥有十分强大的魅力和操控能力，很少有人能躲得过去。

黑格成长于一个中产阶级家庭，从小接受了良好的教育，他的学习成绩非常优异，还在父母的要求下学习了古典音乐。从黑格的成长经历来看，他无论如何都不应该"堕落"成一个杀人夺财的罪犯。其实自小时候起，黑格就已经表现出了人格异常者的特点。

黑格虽然很讨人喜欢，却是个病态的撒谎者，他经常说谎。其实每个人都有过撒谎的经历，这似乎是人的本能，每个人小时候都会撒谎。但黑格与正常人的撒谎不一样，他不会内疚，也从不认为撒谎是不对的。黑格的父母从小就教育他不要撒谎，不然会惹怒神，会被惩罚，但黑格很快就发现，神根本没有因撒谎而惩罚自己，他变得沾沾自喜起来，认为自己是特别的，不管做任何事情都不会被惩罚。因此黑格开始频繁地撒谎来使自己获益。

大多数的人格异常者都像黑格一样会给人留下友好、讨人喜欢的印象，他特别能言善道，口头表达能力非常强，社交能力还非常高超，能在短时间内捕捉到对方的爱好，从而利用社交技巧来操控他人。例如黑格在与亨德森夫妇初次见面时，探知他们喜爱音乐，于是他开始利用音乐唱片操控着亨德森夫妇到自己家里去，从而方便下手。

虽然人格异常者很招人喜欢，能轻易地与刚刚认识不久的人打成一片，但难以与他人建立起稳定的亲密关系，他们甚至很少与家人联系。例如黑格就没有与任何一个人很亲密，他自从因诈骗入狱后就再也没有与父母、妻子联系过，出狱后他也没试图去寻找自己被送人的女儿。因为人格异常者与正常人不同，他们没有爱与被爱的情感需求。

像黑格这样的人，受过良好的教育、富有魅力、能言善道，按理说应该能取得不错的成就，但黑格却并未在事业上取得成功，反而屡次因诈骗入狱，最后因杀人被处以绞刑。对于人格异常者来说，虽然他们很有魅力，拥有高于常人的智商，但并不能取得成功，也无法给自己带来财富或社会地位，因为他们往往是不可靠和不负责的。而且，他们还有一个十分典型的特征——冲动。

或许每个人都有过诈骗、杀人的冲动或幻想，但不会付诸行动。可对于像黑格这样的人格异常者来说，抑制冲动、对自己和周围的人负责，是一件完全无法理解的事情，因为他毫无内疚感和罪恶感，他根本就不在乎自己的行为会带来什么样严重的后果，也不觉得自己应该承担起相应的责任。于是当黑格需要一笔钱的时候，他就不顾后果地去杀人，然后伪造文件，从而得到被害人的所有财产。

Criminal Psychology

将单身女人统统杀掉——

费尔南德兹和西布鲁克

密歇根州大急流城的一个小镇上住着一个年轻的寡妇德尔菲娜·唐宁，她有个两岁的小女儿。从 1949 年 2 月 28 日起，德尔菲娜的邻居总听到小孩子的哭声，他们觉得不对劲，再加上这几日从未见过德尔菲娜和她的小女儿出门，他们怀疑这对母女出事了，就报了警，带着警察来到了德尔菲娜的住所。

3 月 1 日，警察在进入德尔菲娜家中后发现了一对陌生的男女：雷蒙德·费尔南德兹和玛莎·西布鲁克。随后，警察在搜查的过程中，在地下室发现了德尔菲娜母女的尸体。于是费尔南德兹和西布鲁克因涉嫌杀害德尔菲娜母女被逮捕。

在审讯过程中，警方告诉费尔南德兹，如果他不认罪就会被送到纽约接受审问，纽约有死刑，而密歇根州没有。费尔南德兹一听就立刻招供了。最后费尔南德兹和西布鲁克还是被转送到纽约接受审问，因为有证据显示，两人杀害了多达 20 名妇女。

费尔南德兹和西布鲁克通过孤独心灵的广告吸引单身女性，然后将她们一一杀死。在这场疯狂的杀戮中，西布鲁克扮演了十分重要的角色。他们为了将单身女子引诱到自己的住所，西布鲁克常常假扮成费尔南德兹的妹妹，这样单身女子看到家里还有另外一个女人，通常会放下警惕，同意留下来过夜。他们最初的目的是诈骗单身女子的钱财，后来为了防止事情败露，就将被害人杀死。有几次，西布鲁克实在难以忍受自己的男人费尔南德兹与其他的女人缠绵，她就主动上前杀死了对方。

1949 年初，一个 66 岁的富婆珍妮特·菲被费尔南德兹骗回了家。珍妮特已经单身很久了，她一直渴望能有个男友，或者结婚，当她看到孤独心灵的广告后立刻被吸引了，她以为自己终于遇到了真爱，于是就搬到长岛和费尔南德兹一起居住。她总觉得费尔南德兹的"妹妹"西布鲁克有点怪，但并未多心。

当西布鲁克发现珍妮特与费尔南德兹睡在一起后，妒火中烧，她拿了把锤子，趁着珍妮特熟睡之际，用力击打珍妮特的头部，珍妮特当场毙命。之后，费尔南德兹便和西布鲁克一起处理案发现场，并将珍妮特的尸体扔到了荒郊野外。

珍妮特的失踪引起了家人的怀疑，他们怀疑珍妮特已经被费尔南德兹杀死了。费尔南德兹和西布鲁克只能立刻逃出纽约。其实在珍妮特之前，已经有十多个单身女子被费尔南德兹和西布鲁克杀死了。两人一边逃亡一边杀人，直到1949年2月，两人来到了密歇根州大急流城的一个小镇，并以兄妹的身份住进了德尔菲娜这个年轻寡妇的家里。

28日这天，德尔菲娜的情绪很糟糕，就吃下了费尔南德兹递给她的安眠药，之后德尔菲娜便昏睡了过去。德尔菲娜的小女儿看到母亲昏倒了，立刻大哭起来，她的哭声惹恼了西布鲁克，西布鲁克上前掐住了小女孩的脖子，直接将她掐晕了。费尔南德兹则将昏睡中的德尔菲娜开枪打死。

在接下来的几天内，德尔菲娜的小女儿一直哭闹着要找妈妈，最后西布鲁克实在无法忍受了，就将小女孩摁在装满水的浴缸里，小女孩在挣扎了一会儿后溺亡了。为了掩盖罪行，费尔南德兹和西布鲁克将德尔菲娜母女的尸体埋到了地下室。

尽管两人都不承认罪行，但由于证据确凿，两人都被判处死刑，双双被送上了电椅。在临死前，费尔南德兹大声喊道："我要大声喊出来，我爱玛莎！"西布鲁克觉得自己很幸福，她说："我的故事是一个爱情故事，只有那些被爱折磨的人才能真正理解我。我不是一个没有感觉、愚蠢或迟钝的女人，我有伟大的爱情，而且至死都会拥护我的爱情。死亡只会让我更加爱雷蒙德。"

　　西布鲁克于 1920 年 5 月 6 日出生在美国佛罗里达州的弥尔顿，由于腺体的问题，西布鲁克从小身材就很肥胖，她为此苦恼不已。

　　西布鲁克年幼时曾被哥哥性侵过，后来她将此事告诉了母亲。西布鲁克不仅没有从母亲那里获得安慰，反而遭受了一顿毒打，母亲说是西布鲁克自己犯贱。在那个年代，女性的地位很低，委屈不已的西布鲁克只能选择离家出走。

　　中学毕业后，西布鲁克进入护校学习，她渴望毕业后能成为一名护士。毕业之后，西布鲁克在找工作的时候四处碰壁，由于身材过于肥胖，没有一家医院愿意聘用她。最后西布鲁克只能暂时放弃当护士，她希望能随便找到一份工作来养活自己，她在一家殡仪馆找到了一份工作，专门为女性死者进行仪容处理。

　　在殡仪馆工作了一段时间后，西布鲁克决定离开弥尔顿。辞职后，西布鲁克来到了加州，并成功在一家军医院找到了一份护士的工作。这家军医院的管理十分混乱，西布鲁克工作后不久就被一个男人强奸了，更加糟糕的是她还怀孕了。后来，西布鲁克只能去找那个强奸自己的男人，她想和他结婚，但对方却拒绝了。

　　作为一个未婚的孕妇，西布鲁克在军医院待不下去了，她只能回到家乡，此时的她迫切渴望着能尽早摆脱单身，找个肯娶自己的男人。回到家乡后，西布鲁克对周围的人说，她肚子中的孩子的父亲是个军人，她和孩子父亲已经结婚了，不过孩子父亲在太平洋战争中牺牲了。小镇上的居民听说了西布鲁克的事迹后都很同情她，后来她的事迹还登上了当地的报纸。

西布鲁克生下了一个女儿。没多久，西布鲁克和一个名叫阿弗莱德·贝克的巴士司机混在了一起。在西布鲁克又怀孕后，贝克就与她结婚了。但这段婚姻只持续了短短 6 个月，贝克就提出了离婚，西布鲁克又成了单身，还带着两个孩子。

由于现实生活太困苦，西布鲁克便开始沉迷于爱情小说和电影，整天幻想着能有个男人从天而降，结束自己困苦的生活。为了尽快摆脱单身，西布鲁克在报纸上刊登了一则征婚广告。这则征婚广告自从刊登以来，就无人问津，就在西布鲁克准备放弃的时候，一个名叫雷蒙德·费尔南德兹的男人回应了她。

费尔南德兹是个劣迹斑斑的诈骗犯，他根本没打算和西布鲁克在一起，只是想从西布鲁克那里骗点钱。

费尔南德兹是西班牙裔，在夏威夷出生。在服役之前，费尔南德兹和许多普通男人一样有个幸福的家庭：贤惠的妻子和 4 个可爱的孩子。第二次世界大战开始后，费尔南德兹和许多男人一样应征入伍，被送往欧洲战场。战争结束后，费尔南德兹和其他幸存的士兵乘船从英国返回美国。途中，费尔南德兹出事了，他在船上被一扇舱门击中了头部，使得大脑的额叶严重受损。

从那以后，费尔南德兹就好像变了一个人，他开始有变态的性冲动，变得易怒、冲动、情绪波动大。费尔南德兹不仅抛妻弃子，还开始频繁盗窃和诈骗，专门诈骗单身女性的钱财。他甚至还信起了巫毒教和黑魔法，认为自己能从中获得力量，并变得更富魅力。

对于西布鲁克来说，费尔南德兹是个外形很不错的男子。当费尔南德兹通过征婚广告联系到西布鲁克的时候，她惊喜极了，毕竟对于她这样身材肥胖的女子来说，能找到费尔南德兹这样身材不错的男人，简直太幸运了。

费尔南德兹在与西布鲁克相处了一段时间后发现，西布鲁克不仅没钱，还带着两个拖油瓶，于是他就离开了西布鲁克，回到了纽约。

费尔南德兹这一走把西布鲁克的心也带走了，她顾不上两个孩子，紧跟着去了纽约。西布鲁克这种不顾一切的举动让费尔南德兹刮目相看，之后他发现西布鲁克对自己的任何要求都无条件接受，甚至连不良嗜好也全部迎合，他觉得西布鲁克一定很爱自己，就将自己所犯的盗窃罪、诈骗罪都一一托出。西布鲁克一听，觉得费尔南德兹能将这么重要的秘密告诉她，一定很爱她，她越发觉得费尔南德兹是自己的真爱。从此后，两人就开始诱骗、杀害单身女性，西布鲁克觉得那些被杀死的女人都活该，谁叫她们都是单身。

【前额叶皮层受损】

前额叶皮层对每个人来说都十分重要，它与自我控制能力密切相关。如果一个人因生病、意外事故导致前额叶皮层受损，那么即使他幸运地保住了性命，并且智商和行动都不会受损，他也会发生性情大变的情况，变得难以控制自己，行为冲动。总之，一个人的前额叶皮层一旦受到损伤，他的社交能力、自控能力和自我调适的能力都会下降。

现如今，哈佛大学的医学博物馆里还保存着菲尼斯·盖奇的颅骨，他是著名的前额皮层受损害的案例。

在意外事故发生前，盖奇是个工作努力、很受人们欢迎的普通铁路工人。当他大脑中的前额叶皮层因意外事故严重受损后，他变成了一个粗俗无礼、性情冲动的人，还因此丢掉了工作。周围的人都觉得"盖奇与以前不一样了"。这与费尔南德兹的经历十分相似，如果费尔南德兹没有被舱门击中头部，他的前额叶皮层完好无损，那么他就不会频繁盗窃和诈骗，更不会成为一个连环杀手。

这些案例说明，前额叶皮层受损会使一个人变得冲动且具有反社会倾向。甚至可以说，前额叶皮层受损会直接导致一个人出现反社会和暴力的行为。许多脑成像扫描的结果均显示，谋杀犯和有反社会倾向的人大多有前额叶受损的问题。

作为一个长期处于单身且身材肥胖的女人，西布鲁克虽然一直强调自己是为了爱情，并将自己的谋杀故事美化成爱情故事，实际上她至死也没意识到那些被自己杀死的女人都是自己过去的影子罢了，她自己也曾处于单身的状态，甚至比一般的单身女子更凄惨。在心里，西布鲁克一直很憎恨曾经单身的自己。

Criminal Psychology

澳大利亚的第一个连环杀手——

威廉·麦克唐纳

1962年7月，澳大利亚悉尼警方接到一户居民的报案，报警者说隔壁的商店总是散发着一股腐烂的味道。商店的主人名叫威廉·麦克唐纳，他很长时间都没看到过麦克唐纳了。

警方赶到商店门口，在叫门无人应答后，将前门踹开。警察一走进店内，立刻闻到了一股腐烂的味道，与尸臭味十分相似。随后警方开始对屋子展开搜查，最后在地下室内发现了一具严重腐烂的尸体。死者是名男性，全身赤裸着，年龄在40岁左右。想要确认死者的身份，就必须交给法医进行尸体解剖，这是一个相当麻烦的过程。警方联想起报案者说商店主人麦克唐纳很长时间没有出现过了，死者的年龄也和麦克唐纳十分吻合，就认定死者的身份是麦克唐纳，于是在报纸上刊登了麦克唐纳的死亡消息。

不久之后，悉尼的警察局来了一个男人，他是麦克唐纳的老同事约翰·麦克卡西，他告诉警方麦克唐纳根本没有死，他昨天还亲眼看到了麦克唐纳本人。原来，当约翰从报纸上得知麦克唐纳突然死亡的消息后，十分震惊，就去参加了当地殡仪馆组织的小型追悼会。参加完麦克唐纳的葬礼后不久，约翰就遇到了麦克唐纳。当时约翰被吓得不轻，他以为自己撞见鬼了。当确认麦克唐纳没有死后，约翰就将事情的经过告诉了麦克唐纳，还随口问了一句："既然警察在你家发现的尸体不是你的，那又是谁的呢？"麦克唐纳没有回答约翰的问题，而是匆匆离开了。事后，约翰越想越觉得不对劲儿，就来警察局报案。但警察根本不相信约翰的话，找了个借口便将约翰打发走了。

被赶出警察局的约翰越想越生气，他没有回家，而是直接去了《每日镜报》，记者乔·莫里斯接待了约翰。莫里斯听完约翰的叙述后，觉得这是个不错的新闻题材，立刻写了一篇文章报道此事，还设置了"行尸走肉"的专栏，专门用来报道麦克唐纳的事件。

许多人通过报纸得知麦克唐纳根本没死后，经过口耳相传，这件事情立刻在悉尼引起了轰动，警方在舆论的压力下不得不让法医进行尸检。

尸检的结果更令人震惊，死者不仅不是麦克唐纳，而且身上还有 40 余处刀伤，显然这是一起凶杀案。那么死者到底是谁呢？经警方调查，死者名叫詹姆斯·哈克特，42 岁，曾因偷窃罪入狱，在刚刚释放后不久被人杀害。

警方从麦克唐纳的邻居那里了解到，麦克唐纳在失踪前曾与一名 40 多岁的男子在一起，之后便再也没有看见过麦克唐纳。于是麦克唐纳成了重要嫌疑人，警方将他的画像刊登在各大报纸上，整个澳大利亚的人都知道悉尼的警方正在追捕麦克唐纳。

不久，警方就接到报案，一个在墨尔本铁路局工作的人与嫌疑人麦克唐纳十分相似，但他的头发是灰色的，还有胡子，与画像上的容貌并不完全一致。在麦克唐纳领工资的那天，警方将其逮捕，此人正是麦克唐纳，他在来到墨尔本之后就对自己的外貌进行了伪装，担心被人认出来。

警方在将麦克唐纳带回悉尼后，就开始了对他的审讯。在审讯开始后没多长时间，麦克唐纳就开始交代自己所犯下的罪行，他的确是杀死詹姆斯的凶手，而且詹姆斯还只是他的第五个被害人。麦克唐纳是个连环杀手，他所杀死的人大多是流浪汉，所以根本没有引起警方的怀疑。

麦克唐纳的第一案发生在 1961 年，被害人是一名 55 岁的男子，名叫阿莫斯·赫斯特。这起案件在当时并未引起警方的关注，尸检结果显示阿莫斯死于心脏病突发，虽然脖子上有几处伤痕，但警方认为这些伤痕可能是死者打架留下的，或者是在喝醉时不小心弄伤了自己。于是警方将阿莫斯的死亡归结于意外，并刊登在报纸上。

根据麦克唐纳的供述，他与阿莫斯是在罗马街的一家酒吧认识的，两人喝得很愉快，于是麦克唐纳就邀请阿莫斯去自己家继续喝酒。回到家后，阿莫斯很快就喝醉了，这时麦克唐纳突然有了一种杀人的冲动，于是就一把掐住了阿莫斯的脖子，并将醉酒中的阿莫斯给杀死了。

这是麦克唐纳第一次杀人，事后他很担心警察会抓住自己，于是每天都看报纸，寻找阿莫斯的死亡通知。5 天后，麦克唐纳在报纸的讣告栏看到了阿莫斯的名字，上面写着阿莫斯是意外死亡，这让麦克唐纳立刻放松下来。他发现杀人其实是一件很愉快的事情，便开始寻找合适的对象，还准备了作案工具。

一天，麦克唐纳来到了一家流浪汉聚集的酒吧。他在这里遇到了一个名叫比尔的男人，两人一起喝酒，直到酒吧关门后，两人才摇摇晃晃地到附近的公园接着喝酒。其实麦克唐纳一直在等待比尔喝醉，这样他就可以动手杀人了。当比尔醉倒在草地上后，麦克唐纳就掏出了准备好的刀子，当他准备将刀子插进比尔的脖子时，突然没了杀人的欲望，于是就收回了刀子。可是麦克唐纳觉得这是一次难得的机会，于是他坐到比尔身上，再次将刀拿出来，对准比尔的胸膛。但他却怎么也下不去手，最后麦克唐纳收起刀子离开了，将醉酒的比尔留在了公园的草地上。

后来，麦克唐纳在悉尼邮局里找了一份工作，专门负责给信件分类。不久之后，麦克唐纳又有了杀人的冲动，他开始寻找合适的目标下手。

麦克唐纳在圣文森特医院对面的公园里看到长椅上坐着一个人，于是就拿了一杯饮料走过去。他坐在长椅上，将饮料递给对方，开始和对方聊天，最后以喝酒为由将对方诱骗到附近的多曼浴场。

多曼浴场位于悉尼港附近。白天的时候，多曼浴场很热闹，许多市民都会来这里游泳。但到了晚上，这里会变得非常冷清，只有流浪汉会在这里的小隔间喝酒取暖。

麦克唐纳将该男子灌醉后，就掏出刀子猛烈地刺向对方，将对方杀死后，还将对方的生殖器给割掉了。

6月4日，悉尼警方接到报案，有人在多曼浴场发现了一具全身赤裸的男尸。死者的身份很快确认了，名叫阿尔弗雷德·格林菲尔德，是个一无所有的流浪汉。尸检结果显示，阿尔弗雷德被切掉了生殖器，身上至少有30处刀伤。警方在寻找凶器的时候，找到了阿尔弗雷德的生殖器。

当时警方认为阿尔弗雷德死于情杀，因为从凶手的作案手法上来看，凶手在杀死阿尔弗雷德时一定十分激动和愤怒，这意味着凶手是在冲动或嫉妒的情绪下杀死了阿尔弗雷德。起初警方认为凶手可能是个女子，但随后的调查显示，阿尔弗雷德生前并未与某个女人有联系。于是这起凶杀案就成了一桩悬案，尽管政府发出了悬赏通告，给出了2000美元的奖金，也没有得到有价值的线索。直到麦克唐纳被捕后主动交代了该案。

1961年12月21日的晚上，麦克唐纳开始了第三次作案，他在南道林街上遇到了一个50多岁的男子，他邀请该男子到附近的摩尔公园喝啤酒。喝了一会儿后，麦克唐纳就突然发动了袭击，拿着刀子猛烈地刺向男子，尽管男子慌乱中用胳膊来抵挡麦克唐纳的攻击，但还是被刺死了。杀人后，麦克唐纳将刀子放进了准备好的塑料袋中，离开了公园。第二天一早，麦克唐纳就处理掉了凶器，像往常一样去上班。

12月22日，警方接到了报案。死者名叫威廉·科宾，55岁，是两个孩子的父亲。尸检结果显示，威廉身上的刀伤多达 50 处。不过警方并未在案发现场发现线索，就连在酒瓶上也没有提取到指纹，也没有目击者。而且威廉平时为人亲切、友好，并未与人结仇。

警方开始将威廉的死与阿尔弗雷德的死联系起来，怀疑悉尼出现了一个连环杀手，专门针对流浪汉下手，于是警方开始派警力监视公共厕所和流浪汉聚集的地方，甚至还安排了便衣。与此同时，警方还向所有市民发出通告，有一名连环杀手正在悉尼到处流窜，可能有精神病，能从杀人中体会到快感，极有可能会再次作案，任何人都不要在晚上单独外出。

麦克唐纳在向警方交代此案的时候表示，当他通过报纸得知威廉的死亡后，虽然知道是自己杀死了威廉，但却怎么也想不起作案过程，就好像真正的凶手不是自己一样，仿佛是另一个人借自己的手杀了人。有一段时间，麦克唐纳一直觉得警方怀疑上了自己，甚至想要去自首，后来才发现那只是自己的幻觉。

1962 年 3 月 31 日晚上，达令赫斯特的警察局接到了一个报警电话，报警者是个男人，他说自己和家人在路上看到了一个身受重伤的男子。等警方赶到后，在一条小巷内发现了那名男子，他已经死亡了。死者名叫弗兰克·麦克莱恩，杀死他的人正是麦克唐纳。

在案发的这天早上，麦克唐纳在悉尼的米克西蒙斯运动店买了一把刀。晚上，麦克唐纳在街上盯上了弗兰克，他上前主动与弗兰克打招呼，并邀请弗兰克一起去喝酒，弗兰克想都没想就同意了。麦克唐纳一心想把弗兰克给灌醉，毕竟弗兰克身材高大，如果不喝醉，他根本不可能控制住弗兰克。在弗兰克差不多喝醉的时候，麦克唐纳掏出刀子割开了弗兰克的喉咙，并开始不停地刺向弗兰克。在这期间弗兰克一直试图保护自己，但他醉得厉害，根本不是麦克唐纳的对手。

麦克唐纳一边交代案件一边对警察说，他在杀弗兰克的时候，十分担心会有人出现，因为这里并不偏僻，他甚至还听到了孩子的哭闹声和警笛声。就在这时，一家三口正好路过此地，麦克唐纳听到声音后立刻躲了起来。路人查看了弗兰克的情况后慌张地跑开了，他要去报警。看到没人了，麦克唐纳立刻将弗兰克拖到了一条无人的小巷子里，再次不停地用刀刺向弗兰克，直到弗兰克死亡。

由于弗兰克身体上的刀伤以及被切掉的生殖器，与之前的被害人十分相似，警方立刻认定杀死弗兰克的就是那名连环杀手。后来警方根据被害人生殖器的切割痕迹认为凶手可能有一定的手术经验，于是就对外科医生展开了调查，但没有发现一名精神错乱的外科医生，警方只能放弃这条线索。后来警方实在没有线索，只好去向当地的巫婆求助，但还是一无所获。

在政府将赏金提高到了 1 万美元后不久，警方接到了报案，报案者是一名男子，名叫帕特里克。他告诉警方，在弗兰克被害的当天晚上，自己曾在案发地不远处被一名男子袭击，那名男子穿着一件浅色的外套，看起来三四十岁的样子，又高又瘦，他手里拿着一把刀，并用刀捅伤了自己，不过好在没有伤到要害，他很快就摆脱了那名疯狂的男子。

警方的确看到了帕特里克身上的刀伤，但在之后的调查中发现，帕特里克是个正在接受精神治疗的酗酒者，他看到政府的悬赏通告后，就故意捅伤自己，然后编造了一个被凶手袭击的故事。于是，帕特里克以提供伪证干扰办案的罪名被判了 18 个月。

在杀死弗兰克后不久，麦克唐纳就失去了工作，他被邮局解雇了。于是麦克唐纳买下了一家店面开始自己做生意，一楼是他开的商店，二楼是他自己的住所。麦克唐纳对这种自由自在的生活十分满意，不用担心自己异常的行为被同事们发现。

1962年6月6日，星期六。晚上时，麦克唐纳来到了皮特街的一个酒吧，他在酒吧里遇到了詹姆斯，两人边喝酒边聊天，后来麦克唐纳邀请詹姆斯去他的住所继续喝酒。在把詹姆斯灌醉后，麦克唐纳就去厨房拿了一把剔骨刀，朝着詹姆斯的腹部刺去，詹姆斯立刻被疼痛激醒了，开始反抗，麦克唐纳的手因此被刀划伤了。受伤的麦克唐纳十分愤怒，直接将剔骨刀刺向了詹姆斯的胸部，詹姆斯立刻被刺死了，之后麦克唐纳为了泄愤不停地往詹姆斯尸体上刺去，屋子里到处都溅满了詹姆斯的血。

冷静下来后，麦克唐纳开始清理屋子里的血迹。不过地毯上的血迹不论怎么清理都无法弄干净，麦克唐纳只好将地毯剪碎扔掉。之后，麦克唐纳去了医院，他告诉医生自己在干活时不小心将手弄伤了，医生就给他缝合了手上的伤口。

从医院回到家后，麦克唐纳将詹姆斯尸体上的衣服都脱掉，然后将尸体拖到了地下室，他觉得地下室很安全，不会被人发现。几个小时后，麦克唐纳还是不放心，又回到地下室，将尸体藏到最里面的砌砖处。

等处理完一切后，麦克唐纳开始回想杀害詹姆斯的整个过程，他突然想起自己和詹姆斯回家时是乘坐出租车的，司机一定记得詹姆斯曾来过自己家里，这样警方在调查的时候就会找到自己头上，到时候警方一定会轻易发现自己藏在地下室里的尸体。麦克唐纳开始变得焦虑起来，他越来越害怕，于是离开了悉尼，来到了布里斯班。在布里斯班待了没多长时间，麦克唐纳又觉得不安全，于是就搬去了新西兰。

虽然身在外地，但麦克唐纳一直密切关注着警方是否找到了詹姆斯的尸体，为此他每天都会买一份悉尼日报。其实这个时候，警方的确找到了詹姆斯的尸体，只不过以为那是麦克唐纳的。麦克唐纳对此一无所知，他虽然很害怕被警方逮捕，却控制不住杀人的欲望，于是他再次回到了悉尼。

回到悉尼后不久，麦克唐纳就遇到了自己的老同事约翰。当他从约翰口中得知藏在自家地下室的尸体已经被发现了的时候，麦克唐纳十分恐惧，于是立刻离开了悉尼。

在麦克唐纳交代完自己所犯下的凶杀案后，他对警方表示，自己也曾是受害者，他在年轻的时候曾被一名男子强奸过，正因如此他才产生了不可抗拒的杀人冲动，于是开始随机选择适合的对象下手。

1963 年 9 月，麦克唐纳开始接受审判。作为澳大利亚第一个真正意义上的连环杀手，麦克唐纳的审判得到了许多人的关注。在法庭上，麦克唐纳交代了所有的作案过程，不少陪审员由于难以忍受而不得不离开法庭。最终法官宣布麦克唐纳 4 项谋杀罪名成立，对此麦克唐纳拒不认罪，他认为自己在作案时处于精神错乱的状态，不应该被送进监狱。

1924 年，麦克唐纳（原名艾伦·金斯伯格）出生于英国利物浦，在家里的 3 个孩子中排行第二。在幼年时，麦克唐纳就与普通孩子不一样，他总是一个人待着，没有朋友，好像也不需要朋友，他最喜欢的事情就是在晚上独自一人外出散步。后来，麦克唐纳被诊断为精神分裂症。

19 岁时，麦克唐纳应征入伍。在军队里，麦克唐纳遭到了一名士兵的强奸，那名士兵还威胁他，如果胆敢将此事说出去，就杀了他。

24 岁时，麦克唐纳因精神分裂症离开了军队，他在哥哥的陪同下来到苏格兰一家精神病院接受治疗。在精神病院里，麦克唐纳除了要每天接受休克治疗外，还得每天被医院里的其他患者折磨，这里有许多疯狂的患者，他们会大吼大叫，还会做出许多让人难以理解的举动。

6个月后，麦克唐纳被母亲接了出来。周围人都知道麦克唐纳是个精神病，他经常遭受嘲讽和鄙视，还因此不停地更换工作。与此同时，麦克唐纳的精神状况也越来越糟糕，他开始出现幻觉和幻听，为此他只能去找精神科的医生咨询。在医生的建议下，麦克唐纳再次住进精神病院。这一次，麦克唐纳接受了3个月的治疗，但状况并没有好转。

25岁时，麦克唐纳决定离开家乡，他先到加拿大居住了6年，然后去了澳大利亚。来到澳大利亚后，麦克唐纳改了个名字，他觉得自己已经不再被幻觉所困扰，决定开始一段新的生活。

很快，麦克唐纳就被人指控猥亵，因为他在公共场合触摸他人。之后，麦克唐纳搬到邻近维多利亚州的巴拉腊特，并在一个建筑工地内找了一份工作。但他却总是很难与同事们相处，后来他不满于同事们给自己起外号，于是就用刀子将同事们的自行车胎都割破了。

同事们似乎很不喜欢麦克唐纳这个不合群的人，越来越明目张胆地嘲笑他，最后麦克唐纳只能放弃这份工作。这个时候，麦克唐纳的心中已经有了杀人的幻想和冲动，这一切为他成为一名连环杀手埋下了伏笔。

【永远的孤独】

人际交往上的障碍似乎是连环杀手的通病，例如麦克唐纳，他从小就是一个不合群的人，没有朋友，永远都很孤独，在一个群体中，他永远都是被排挤在外的那一个。表面上看，麦克唐纳曾是受害者，但实际上他从未试图融入一个群体之中。

人具有天生的群居倾向，例如一个人很小的时候就喜欢与同伴聚集在一起玩游戏。在集体活动的过程中，每个人都会学会合作、竞争、分享和自我控制。当一个人意识到自己不合群的时候，他会做出自我改变，例如模仿别人的穿着打扮、说话方式，从而让自己变得更合群，更容易被别人所接纳。但像麦克唐纳这样的连环杀手是不会做出这样的改变的，他总是显得很古怪，或者富有攻击性，总会让周围的人不自觉地想远离他。

当然，并不是所有的连环杀手都与麦克唐纳一样从来没有朋友，并且从小饱受周围人的嘲讽，有的连环杀手看起来颇具人格魅力，好像十分精通人际交往，例如泰德·邦迪。但实际上，邦迪与麦克唐纳一样都是孤独的，他们没有朋友，也不需要朋友，因为他们要隐藏内心邪恶的欲望以及后来的杀人行为。不论是麦克唐纳还是邦迪，他们所关注的重点通常只是自己的需求，根本无法理解正常人际交往中所必需的互惠和同情心。

在人际交往中，正常人会学会负责，从而拥有责任心这种社会化的情感。但麦克唐纳不会，就像审判他案件的法官所说的："这是我这么多年以来遇到的最野蛮的凶杀案，完全无视生命。被告没有表现出任何懊悔、愧疚的迹象，并且我们有理由相信，如果他哪一天获得了自由，他还会再次作案。"像麦克唐纳这样毫无责任心的连环杀手，他不会为自己所犯下的罪行而感到懊悔，只会在被警方抓住的时候感到懊悔，懊悔的只是自己被抓住了，如果给他一次改过的机会，他不会去反省自己的罪行，反而一定会努力将犯罪变得更加"完美"，避免再次被警方抓住。

Criminal Psychology

穿着女性内裤去上班——

杰罗姆·布鲁多斯

1969年4月，琳达·塞利失踪了。警方从目击者那里了解到，琳达失踪前曾在劳埃德购物中心出现过。5月10日，警方接到报案，一个渔民在维拉米特河的支流看到了一具女尸。打捞女尸的过程十分困难，因为尸体上系着一件重物，当警方将尸体打捞上岸后才发现那件重物是个汽车变速器。死者正是失踪的琳达，她的乳房被割掉，尸体上绑着绳子，绳结的打法很特殊，一般是电工在拉电线时会打的结。

警方在对河底进行地毯式搜查的过程中，在距离琳达尸体发现地不远处找到了另一具女尸。死者是在3月份失踪的19岁的凯伦·史宾格，与琳达一样，凯伦的乳房被割掉，尸体上绑着绳子，绳结是电工惯用的手法。显然，杀死凯伦和琳达的是同一个凶手，而且凶手极有可能是个电工。

凯伦在当地一所大学上学，在3月27日失踪。据她的母亲反映，当时凯伦约好与她一起吃午饭，结果凯伦在迈尔弗兰克市中心的停车场失踪了。

警方在凯伦就读的大学调查时，接到了许多女学生的投诉，她们说总会接到一个陌生男子寻求约会的电话，他说自己是个退伍老兵，想找个女朋友，有时也会调侃一下最近发生的凶杀案。而这个电话是一个名叫杰罗姆·布鲁多斯的男人打来的，他是个电工，还有性犯罪前科，这让警方不得不怀疑布鲁多斯就是杀害琳达和凯伦的凶手。

于是警方找到布鲁多斯，开始盘问他一些问题。在谈话中，警察注意到了布鲁多斯家中的绳子，那些绳子看起来与捆绑被害人的绳子十分相似。布鲁多斯似乎也注意到了警察一直在不停地看着那些绳子，于是就主动提出送给警察一截绳子。由于没有逮捕令，也没有搜查令，警察在与布鲁多斯谈话后就离开了。

　　申请到搜查令后，警察再次来到布鲁多斯的住所。在搜查布鲁多斯的屋子时，警察什么证据也没有找到。当警察准备继续搜查布鲁多斯的汽车时，却发现车子内部都是水。对此布鲁多斯解释说，自己在清洗汽车时，没注意到小儿子偷偷打开了车窗，所以不小心将水弄到了车里。实际上，上次警察离开后，布鲁多斯就去找了律师，律师建议他，不要让警察搜查自己的房屋和汽车。于是布鲁多斯回家后就将家里的东西都收拾干净，还专门用水将汽车里里外外洗了个干净。

　　尽管此次搜查毫无所获，但警方依旧怀疑布鲁多斯。由于俄勒冈州距离加拿大很近，警方很担心布鲁多斯会逃到加拿大，因此想尽快将布鲁多斯抓住。为了师出有名，警方找到了一个12岁的中学生格罗瑞亚·史密斯。

　　4月21日，警方接到报案，格罗瑞亚差点被一名陌生男子绑架。格罗瑞亚告诉警方，自己当时正走在路上，一个陌生男子突然从车里冲出来，将自己拉进了车里。当时格罗瑞亚害怕极了，当她看到有个女人路过时，就用尽全力呼救，趁着男子不备从车里逃了出来。或许是担心自己被发现，那名男子并未追赶。警方怀疑那名男子就是布鲁多斯。

　　当格罗瑞亚认出了布鲁多斯的照片后，警方立刻决定以绑架罪逮捕布鲁多斯。只要能将布鲁多斯带到警察局，警方就有大量的时间来搜集布鲁多斯的杀人证据。当警方拿着逮捕令来到布鲁多斯家中时，发现他根本没在家，显然他已经逃走了。最后警方在去往加拿大的高速公路上拦下了布鲁多斯的汽车。

　　警察将布鲁多斯带到监狱，并给了他一套囚服。当布鲁多斯将身上的衣服脱下来时，警察发现他居然穿着女性的丝袜。布鲁多斯解释说，这样的穿着让他觉得很舒服。

1969 年 5 月 25 日，警方在搜查布鲁多斯的车库时发现了大量的女式内衣和高跟鞋，还在一个小盒子里发现了大量的照片，照片上的女子只穿着内衣和高跟鞋。此外警方还在照片中找到了琳达和凯伦。最关键的是，警方找到了和琳达、凯伦尸体上一模一样的绳子。

布鲁多斯的律师告诉他，警方手中所掌握的证据对他非常不利，律师建议他承认自己的罪行。在之后的 3 天内，布鲁多斯开始交代自己所犯下的罪行。

1968 年 1 月 26 日，布鲁多斯在家中待着时听到了敲门声，他打开门后，就看到了一个年轻漂亮的女人，她就是 19 岁的琳达·斯劳森，是个推销员，专门来布鲁多斯所在的社区推销百科全书。

布鲁多斯看到斯劳森的时候就动了歪心思。他装作对百科全书很感兴趣的样子，将斯劳森请到了自家的客厅中，然后趁其不备用棒球棍将她打晕，之后将晕倒的斯劳森拖到了地下室。

在地下室，布鲁多斯将斯劳森用绳子绑住并吊起来，看着她慢慢地窒息而亡。之后，布鲁多斯离开地下室回到家中，找了个理由将妻子和儿子支开。等家里没人了，布鲁多斯立刻回到地下室开始摆弄斯劳森的尸体。

布鲁多斯将自己收藏的女式内衣和高跟鞋拿出来，并耐心地给斯劳森穿上，然后拍照留念，最后还将斯劳森的左脚割下来当作战利品。渐渐地，布鲁多斯的兴奋感消失了，他对斯劳森的尸体失去了兴趣，就开始想办法处理尸体。在夜深人静之际，布鲁多斯偷偷将斯劳森的尸体拖到车上，开车来到维拉米特河，给尸体绑上石头，扔到了河里。

和许多连环杀手一样，布鲁多斯在第一次杀人后进入了冷却期，他回到了正常人的生活中。但当冷却期过去后，布鲁多斯就会化身为恶魔继续作案。不过大多数连环杀手的冷却期会渐渐缩短，杀人的频率会越来越高。

后来，布鲁多斯带着家人搬了家，他的新住处有个独立的车库，十分适合他背着家人作案。

1968 年 11 月 26 日晚上，23 岁的简·怀特尼在参加完一个宴会后开车回家，半路上她的汽车抛锚了。当时布鲁多斯正好在路上游荡着寻找猎物，于是他立刻上前询问怀特尼是否需要帮忙，他告诉怀特尼自己会修车，但工具在家里，最后怀特尼上了布鲁多斯的车。

到家后，布鲁多斯将车停好后让怀特尼在车上等自己，说他要去车库拿工具。一会儿，布鲁多斯打开车门进入车后座，而怀特尼正坐在副驾驶座位上，突然，布鲁多斯迅速地用皮带勒住了怀特尼的脖子，并将皮带绑在座位后面。在怀特尼因窒息不断挣扎之际，布鲁多斯强奸了她，然后将她勒死。

之后，布鲁多斯将怀特尼的尸体拖到了车库中，不断地奸尸。然后他将怀特尼的尸体吊起来，开始给尸体穿内衣和高跟鞋，最后拍照留念。在之后的 5 天内，布鲁多斯要么奸尸，要么给尸体换内衣拍照。等他玩腻了以后，就割下怀特尼的一个乳房当作战利品，然后趁着深夜开车将尸体扔到了河里。而那个乳房战利品，布鲁多斯在冰箱里冷藏了好长一段时间。

1969 年 3 月 27 日，布鲁多斯在迈尔弗兰克市中心停车场内的一个偏僻的角落里等待猎物，这时 19 岁的凯伦·史宾格出现了。布鲁多斯将凯伦强行拖到了自己的车里，然后开车回到了自己的住所，他将凯伦带到了车库中，将凯伦的衣服脱光后强奸了她。之后布鲁多斯开始强迫凯伦穿各种各样的内衣和高跟鞋，还要摆出各种色情姿势让他拍照。腻了之后，布鲁多斯勒死了凯伦，并将她的两个乳房割下来留作纪念，在深夜时分将尸体扔到了维拉米特河。

1969 年 4 月 21 日，布鲁多斯在街上接连袭击了两名女性。第一次布鲁多斯试图绑架莎伦·沃特曼时，被对方挣脱了。第二次布鲁多斯决定朝一个 12 岁的女孩下手，他倒是成功将格罗瑞亚绑到了车内，却让她从车内逃了出去。这两次的失败让布鲁多斯改变了策略，他不再用强制的手段，而是采取引诱的方式，不然猎物都被他给吓跑了。布鲁多斯决定假扮警察，他还专门买了一个假的警察徽章。

在劳埃德购物中心的停车场内，琳达·塞利遇到了布鲁多斯这个假警察，当时琳达刚从购物中心走出来，手上拎满了刚买的东西。布鲁多斯对琳达说，最近购物中心出现了失窃事件，琳达得配合他到警察局接受调查。最后琳达很不情愿地跟着布鲁多斯上车了。

布鲁多斯将琳达带到了车库中。像之前的被害人一样，琳达被布鲁多斯吊了起来，然后开始在他的强迫下穿各种内衣和高跟鞋，并摆姿势让他拍照。布鲁多斯很喜欢折磨琳达，他会时不时地拉紧绳子，让琳达只有踮起脚尖才能勉强呼吸。腻了之后，布鲁多斯将琳达勒死。看着琳达的尸体，布鲁多斯突然有了一个古怪的念头，他想看看如果给尸体通上电流，尸体是否会动弹。于是布鲁多斯往尸体的胸腔两侧各插入了一枚钉子，然后通上电，在琳达的尸体胸腔处留下了烧伤的痕迹。最后布鲁多斯割下琳达的乳房，将尸体扔到了河里。

在布鲁多斯交代完自己所犯下的罪行后，警方给他安排了精神评估。精神评估的结果显示，布鲁多斯的精神状态虽然异于常人，但并不是精神病，具有刑事责任能力。在审判中，布鲁多斯承认了所有的罪行，最终他被判处 3 个终身监禁。2006 年 3 月 28 日，布鲁多斯因肝癌在狱中去世，是当地监狱里最长寿的犯人。

1939 年 1 月 31 日，布鲁多斯出生于南达科他州韦伯斯特小镇。当时的美国正值经济萧条时期，父亲为了赚钱养家，一天要做两份工作，每天天不亮就出门，到了半夜才回来，照顾孩子的任务就落到了母亲身上。布鲁多斯的母亲是个强势而严厉的女人，布鲁多斯从未从母亲那里感受过温暖。

布鲁多斯有个哥哥拉里，因此母亲在怀第二胎时一直希望能生下一个女儿，当布鲁多斯生下来后，她十分失望，对布鲁多斯的态度也非常糟糕，不是辱骂就是殴打。相反，拉里得到了母亲的所有关爱。

布鲁多斯很小的时候就表现出了严重的恋物癖倾向，他所迷恋的物品是女人的高跟鞋。5岁时，布鲁多斯在垃圾堆里意外发现了一双漆皮高跟鞋，他偷偷将高跟鞋带回家藏了起来。从那以后，布鲁多斯每天都会偷偷穿这双高跟鞋。

后来布鲁多斯的母亲发现了儿子的怪异行为，她大发雷霆，命令布鲁多斯将高跟鞋扔掉。布鲁多斯不舍得，就将高跟鞋偷偷留了下来。几天后，母亲又发现布鲁多斯在偷穿高跟鞋。这一次，母亲当着布鲁多斯的面儿将高跟鞋给烧掉了，一旁的布鲁多斯哭得十分伤心。从那以后，布鲁多斯对高跟鞋更加迷恋了，并将高跟鞋、女性内衣与性欲联系在了一起。

进入青春期以后，布鲁多斯的身材渐渐变得高大、健硕起来，他开始注意周围年轻漂亮的女人，凭借自己的力量袭击当地的女人。布鲁多斯袭击的女人大多身材高挑、腿部修长，布鲁多斯将她们敲晕之后，就将她们拖到无人的小巷里，然后开始对着女人的鞋子手淫，最后将鞋子脱下来当作战利品带走。

16岁时，布鲁多斯搬家了，他注意到新邻居家有一个十分漂亮的女孩，他开始对那个女孩产生了性幻想。布鲁多斯总会主动找女孩聊天，两人熟悉了之后，女孩就邀请布鲁多斯到自己家中做客。布鲁多斯趁此机会摸清了邻居家的房子结构，在之后的几个月内偷偷潜入邻居家偷女孩的内衣。当女孩发现自己的内衣被盗后，就报了警。

布鲁多斯知道女孩报警后，就想了一个办法引诱女孩，他对女孩说，自己正在配合警方调查内衣失窃的案件，希望她能到自己的房间一起讨论案情。女孩毫无防备地跟着布鲁多斯来到了一个房间。布鲁多斯以倒水的理由离开了房间，他到另一个房间戴上了一副面具，然后拿着刀回到了房间。

在布鲁多斯的胁迫下，女孩脱光了衣服，他开始不停地拍照，之后就离开了。布鲁多斯将面具摘下来之后又出现在房间里，他不停地安慰女孩，企图让女孩相信刚才的面具男子不是自己。虽然女孩知道刚才的面具男子就是布鲁多斯，但还是选择了沉默，没有举报布鲁多斯。之后，布鲁多斯的胆子越来越大了。

17岁时，布鲁多斯在送一名女子回家时，故意将车开到了一个废弃的农场里。他将女子制服后带回了家，并关在地下室里当性奴。两个星期后，家人才发现地下室里有个女人，于是立即报了警。

警方在搜查的过程中，发现了许多女性内衣和高跟鞋，还有一些照片，包括邻居女孩的裸照。于是警方找到女孩，女孩就将自己被布鲁多斯胁迫拍摄裸照的经历告诉了警察。于是警察带走了布鲁多斯，并将他送到了当地的精神病院。

在精神病院里，布鲁多斯接受了精神评估。评估结果显示，布鲁多斯有轻微的精神分裂症，得住院接受治疗。其间，布鲁多斯告诉医生，他经常幻想着自己能拥有一座地下监狱，将抓来的年轻女子都关进去，自己想怎么对她们都可以。医生认为，布鲁多斯的这种怪异幻想只是一种暂时的精神障碍，当他度过青春期，幻想自然会消失。9个月后，医生认为布鲁多斯的症状已经得到改善，不会对社会产生危害，于是就批准他出院了。

出院后，布鲁多斯进入当地的一所高中学习。1959年，高中毕业的布鲁多斯到军队服役。军队艰苦的生活并未让布鲁多斯停止疯狂的幻想，后来军队的心理医生认为布鲁多斯的精神状态不适合继续待在军队中，于是他被迫退役。

离开军队后，布鲁多斯回到了家乡，并在一个广播站找了一份电工的工作。后来布鲁多斯在同事的安排下认识了一个 17 岁的女孩拉菲尔。1961 年，因拉菲尔意外怀孕，布鲁多斯就与她结婚了。

婚后，布鲁多斯开始要求拉菲尔满足他的各种变态嗜好，例如穿上各种女式内衣和高跟鞋，然后拍摄一些色情的照片。起初，拉菲尔还能配合布鲁多斯，单纯的她并没有觉得丈夫的嗜好不正常。时间长了，拉菲尔开始怀疑起布鲁多斯，不再配合布鲁多斯的变态要求。对于拉菲尔的反对，布鲁多斯很失望，每当他穷追不舍时，就会遭到拉菲尔的责骂。于是布鲁多斯开始寻找陌生女人来满足自己的变态嗜好。

除了疯狂收集高跟鞋和女士内衣外，布鲁多斯还很喜欢穿女性丝袜和内裤，他在上班或外出时，就会将丝袜或内裤穿在裤子里。有时候，布鲁多斯也会在穿着女性丝袜和内裤时给自己拍照，并将照片挂在房间里。拉菲尔看到后，选择了视而不见。

在布鲁多斯被捕后，警方一直以为拉菲尔是他的从犯。但在之后的调查中，警方发现拉菲尔不仅没有参与犯罪，还对布鲁多斯的所作所为一无所知。之后，拉菲尔就与布鲁多斯离婚了，并得到了两个孩子的抚养权。

【享乐型连环杀手】

享乐型连环杀手的杀人行为与性满足之间存在着密切的联系，他杀人的目的主要是满足自己的情色体验，因此他十分重视杀死被害人的整个过程，这个过程可能包括虐待、支配被害人满足自己的一些变态要求，肢解尸体等。布鲁多斯就是典型的享乐型连环杀手，他在将被害人带到车库中时，会胁迫被害人穿上自己准备的内衣和高跟鞋，然后拍摄色情的照片，他能从这个过程中体会到愉悦感，并满足自己的性欲。

对于享乐型连环杀手来说，他得完全支配被害人，才能从与被害人的互动中感受到快乐，至于被害人的感受则不在他的考虑范围内，或者说被害人越无助、越害怕，他就会越快乐。布鲁多斯在供述自己的罪行时，每当描述自己如何支配被害人或尸体时，就会表现得非常激动，有时甚至会兴奋地手舞足蹈，却没有表现出任何内疚或后悔的情绪。对待被害人，布鲁多斯的态度十分冷漠，他根本不把被害人当成和自己一样的人来看待，他只觉得被害人是物品而已，是为了满足自己欲望的"女性人偶"。他还将被害人比作是糖纸，既然已经吃掉了糖，那么糖纸就没有必要留着了。

此外，并不是所有的享乐型连环杀手都是以获得性满足为主要作案动机的。有的享乐型连环杀手之所以杀人完全是为了个人利益，例如有的女性连环杀手会为了获得丈夫或孩子的保险金而将他们杀死。之所以将以获得个人利益为主要作案动机的连环杀手划分到享乐型连环杀手的类型中，是因为他们可以从杀人的行为中获得舒适的生活条件，与布鲁多斯这样的为了获得性满足的连环杀手在本质上是相同的。

享乐型连环杀手通常比较聪明，会在作案时总结经验，从而提高自己的反侦查能力。例如布鲁多斯就很聪明，智商高达160，在他接连两次绑架失败后，他立刻改变了自己的作案方式，果断放弃了粗暴的袭击法，而是假扮警察引诱猎物到自己的陷阱中来。而且布鲁多斯在意识到警察开始调查自己时，立刻找律师咨询，将证据全部销毁。

Criminal Psychology

频繁申请假释的弯刀杀手——

胡安·科罗纳

1971 年 5 月 19 日的晚上，加利福尼亚州尤巴市的警方接到报案，报警者是一名男子，他白天在自家桃园散步时发现了一个可疑的坑，这个坑就在两棵桃树中间，看起来是新挖的，大小差不多能装下一个成年人。当时，男子觉得很奇怪，就看了看周围，他看到远处有一名工人，那名工人意识到有人在看自己后，耸了耸肩就离开了。到了晚上，男子又想起了白天所看到的情形，他不放心，就来到桃园查看，结果发现那个新坑已经被人用土填埋上了。男子突然有了一种不好的预感，就打电话报了警。

第二天一早，警方就赶到了桃园，开始挖掘工作。起初，警察们以为这里可能埋藏着值钱的物品或赃物，也可能是垃圾之类的东西，直到警察挖出了一只人脚，这时警察们才严肃起来。

坑里埋着一具尸体，死者是一名白人男子，名叫肯尼斯·怀特埃克，没有固定工作。警方在肯尼斯衣服的口袋里找到了一张纸条，上面的内容暗示着肯尼斯是一个同性恋者。尸检结果显示，肯尼斯的胸部被捅伤；头骨处有多处伤口，显然他的头部曾遭受过重击；手部有很深的防御性伤口，应该是在反抗的时候留下的。

在桃园里，警方只发现了车胎的痕迹，除此之外没有找到任何和凶手相关的线索。由于肯尼斯尸体上的伤口多而严重，这说明凶手的作案手段很残忍，警方由此推断出凶手在作案时处于非常愤怒的状态。警方怀疑肯尼斯是在与凶手进行性交易的时候被杀害的，可能凶手不愿意付钱给肯尼斯。不过这只是警方的推测而已，法医在尸检的时候十分草率，甚至没有仔细检查肯尼斯是否被性侵过。

20世纪70年代的美国治安十分混乱，除了曼森家族制造的血案外，还有反越战抗议以及各地发生的黑人暴乱，有4名学生在参加反越战抗议时被打死。1972年，美国政府出现了水门事件的政治丑闻，后来美国总统尼克松被迫辞职。而距离尤巴市不远的圣弗朗西斯科市，正如火如荼地进行着同性恋人权运动。与这些事情比起来，桃园里出现一具流浪汉的尸体并未引起人们的重视，但随着被害人数量的增多，这起连环惨案在混乱无序的美国引起了轰动。

5月24日，也就是肯尼斯尸体被发现的4天后，桃园附近的一个村庄的工人们在开着拖拉机干活的时候，发现了一具尸体。被害者是查理斯·弗雷明，无家可归，也没有稳定的工作。与肯尼斯一样，他的头部也受到了利器的重击，似乎是锋利的镰刀、弯刀一类的工具造成的。

查理斯的尸体被掩埋在一个很大的坑中，这让警察非常疑惑，就在这时警方又挖出了一具尸体。与查理斯和肯尼斯一样，这名被害人的头部也受到了重创。幸运的是，警方在挖掘过程中发现了一条线索，这是一张商店购物小票，来自尤巴市一家市场，上面有日期也有署名，署名者叫胡安·科罗纳。

随着挖掘的进行，警方找到了更多的尸体，截至6月4日，警方一共找到了25具尸体，所有的尸体都被送到停尸房，法医要一一进行检查，以确定被害人的死亡原因和死亡时间。其中大多数被害人尸体上的伤口都很相似，似乎是被弯刀、镰刀之类的利器所伤，只有几名被害人的尸体上有枪伤。因为受到当地气候和土壤的影响，被害人尸体的腐烂程度不一，再加上技术条件的限制，对于法医来说，想要确定所有被害人的死亡时间是一件十分困难的事情。

由于只有两名被害人的身上有能证明他们身份的证件，警方对外发布了信息，希望能确定其他被害人的身份。在短短几天内，警方接连收到了 1500 条回复。与此同时，有许多人赶到了尸体发现地，既有被害人家属，也有特意来看热闹的人，他们在好奇心的驱使下来到了这里，并在尸体发掘现场拍照留念。警方为了防止现场被破坏，后知后觉地拉起警戒线，禁止无关人员进入现场。

很快，警方就确认了其中 21 个被害人的身份。他们全都是外来务工者，有 19 个人是英国人、2 个人是美国土著居民，其中年龄最大的被害人有 68 岁，年龄最小的有 40 岁。由于所有的被害人在尤巴市都没有家人，所以他们的失踪并未引起人们的关注，警方也没有收到任何失踪人员的报告。

警方在走访镇上的居民时，得到了许多有价值的线索。这些线索都与一个名叫胡安·科罗纳的男人有关，也就是在一名被害人身上发现的购物小票上的署名者。

科罗纳在当地有一家劳务公司，专门为农场主提供男性劳动力，凡是外来务工者想要在当地打零工，基本上都会来科罗纳的劳务公司找活儿干，而附近几个农场主也都会从科罗纳那里雇佣劳力。几名农场主向警方反映，科罗纳和许多普通老板一样，没有虐待过工人，不过他们听说，科罗纳有时会克扣工人的工资。

镇上的许多居民告诉警方，其中几名死者生前都在科罗纳手下干活。一名目击者说，他曾看到过一个被害人生前与一名包工头争吵时，科罗纳出面调解并带走了被害者。

通过进一步调查，警方发现科罗纳曾卷入过一起伤人案，该案发生在 1970 年 2 月 25 日。科罗纳是墨西哥人，年纪轻轻移民到加州尤巴市，由于文化水平有限，他来到尤巴市后只能通过打零工生活。

　　科罗纳同父异母的哥哥纳蒂维达德在当地经营着一家咖啡店，那起伤人案正是在咖啡店内发生的。被害人欧索来自墨西哥，他的头部被利器刺伤，差点死在咖啡店。在当天深夜1点左右，有顾客在卫生间发现了奄奄一息的欧索，就报了警。

　　纳蒂维达德是当地有名的地痞流氓，人们纷纷猜测纳蒂维达德一定是主犯，他的弟弟科罗纳则是从犯。根据目击者的证词，在案发当晚科罗纳也在咖啡店内，而且他与受害男子存在感情纠纷。

　　纳蒂维达德和科罗纳很快就被警察抓住，由于科罗纳在1956年被诊断为"妄想型精神分裂症"，警方便安排他接受了精神鉴定。鉴定结果显示他确实患有精神分裂，这更加可以证明科罗纳会暴力伤人。鉴于科罗纳有精神疾病，被害人欧索就只能对纳蒂维达德提起诉讼。胜诉后，欧索得到了一大笔赔偿金，而纳蒂维达德为了支付高额的赔偿金，卖掉了自己的咖啡店，回到了墨西哥。

　　后来，科罗纳在尤巴市渐渐站稳了脚跟，他从一名打工仔变成了包工头，还开了一家劳务公司。对于像科罗纳这样的普通外来务工人员来说，既无文凭也无靠山，能在美国有稳定的收入、组建家庭，是很不容易的。按照正常人的想法，他必然会继续努力，让自己的生活过得更好，但科罗纳却不这样想，他开始残杀外来务工人员，成为美国历史上著名的"弯刀杀手"。

　　有了购物小票的物证，再加上目击者的证词，警方认为他们已经掌握了可以起诉科罗纳的证据，于是就申请了逮捕令。在科罗纳的住所警察发现了更加重要的证据。

　　当警察出现在科罗纳的家中时，科罗纳正好和妻子、4个女儿待在家中，他的妻子、女儿们得知科罗纳犯下了难以饶恕的杀人罪行后十分震惊。

在接下来的搜查工作中，警察找到了大量的疑似作案工具，例如铁锹、斧子、劈刀、带血的棍棒和一把长约 18 英寸[①]的弯刀。在科罗纳的办公室，警方找到一把上膛的手枪、长刀以及几张和尸体现场发现的购物小票类似的票据。此外警方还找到了一个记事本，上面一共有 34 个人的姓名，其中 7 人的尸体已经被找到。至于剩下的人，警方一无所知，只能寄希望于科罗纳主动开口交代案情，并带着警方去寻找被埋藏起来的尸体。但科罗纳并不配合，自从被捕后他就没有说过一句话。

很快，科罗纳就接受了精神鉴定。精神病医生认为，科罗纳的精神没有失常，他很清楚地知道自己在做什么，包括在杀人时也很清醒，他得为自己的行为负责。

一个月后，一个名叫理查德·霍克的律师成了科罗纳的辩护律师。理查德在接手科罗纳的案子后，所做的第一件事就是否定精神科医生所给出的鉴定结果。接下来律师开始提起一系列针对检方和警察的诉讼。在理查德看来，警方没有确凿的证据能够证明科罗纳就是凶手，在这种情况下，警方不应该向外界公开说科罗纳就是嫌疑人，这会影响科罗纳的名声，还会给他带来巨大的心理压力。

在狱中时，科罗纳曾因胸痛难忍被送到医院，并被诊断出患有轻微心脏病。在他得知自己被起诉后，他再次因胸痛被送进医院，他表示被起诉的消息让自己无法入睡，所以才导致了胸痛。

与此同时，理查德还对检方所提供的证据提出了怀疑。首先是记事本，上面虽然有被害人的姓名，还署上了日期，看起来像是"死亡清单"，却无

---

① 1 英寸约等于 2.5 厘米。

法证明上面是科罗纳的笔迹。就算检方证明记事本上的内容是科罗纳所写，也无法证明科罗纳就是杀死被害人的凶手。其次是购物小票，虽然警方在一名被害人的尸体掩埋地发现了科罗纳署名的购物小票，但并不能说明科罗纳就是凶手，购物小票可能是科罗纳不小心遗落在那里的，也可能是真凶在嫁祸给科罗纳，故意偷走购物小票，与尸体埋在一起。再次是在科罗纳车上的血迹，理查德表示血迹是科罗纳在将受伤工人送去医院的过程中留下的，与凶杀案没有任何关系。最后是埋尸现场的车胎印，与科罗纳的车胎印明显不相符。理查德还给出了一个重大嫌疑人，也就是科罗纳的哥哥，他认为科罗纳只是做了替罪羊。

在理查德的努力下，科罗纳获得了到当地以外的法院接受审判的机会，因为理查德提出当地人已经深受媒体报道的影响，他认为这会导致判决的公正性得不到保障。

1972 年 9 月 11 日，科罗纳被押送到索拉诺法院接受审判。在整个审判过程中，科罗纳没有说一句话，全是他的辩护律师理查德在发言。或许是科罗纳的英语不好，也或许是理查德根本不给他开口的机会。

理查德虽然是科罗纳的辩护律师，但他却将法庭当成了自己的作秀舞台。与其说理查德是在为科罗纳进行辩护，不如说他在展示自己的个人能力，他没有让科罗纳以自己曾被诊断为精神分裂这个理由做陈述，也没有让任何证人出庭。其实早在庭审之前，作为辩护律师的理查德就做出了许多不合规定的行为，例如在公众面前散布不实传言、多次对警方和检方出言不逊，他甚至还因触犯言论禁止令被警方拘留了几天。

在庭审初期，警方和检方处于不利的形势之中，他们准备的证据存在许多漏洞。首先是车胎印的比对样本，他们将检测样本给弄错了，将尸体现场的车胎印与另一起案件中的嫌疑车辆的车胎印进行了比对。其次是被害人的编号十分混乱，每个被害人的尸体至少有 3 个编号，法医有一套编号、警察也有一套、负责挖掘尸体的人也有一套。理查德重复利用这些漏洞，提出警察是在故意伪造证据。警方和检方也因此遭到了法官和陪审团的质疑。

随着庭审的进行，检方开始扭转不利的局面，他们提供了更可信的证据，例如法医的尸检报告。尸检报告显示，被害人身体的伤口形状与在科罗纳住所发现的弯刀相互吻合，虽然被害人的尸体已经出现了腐烂的迹象，但依旧不能排除是被弯刀之类的同一凶器所伤。检方还提供了笔迹专家的比对结果，笔迹专家将科罗纳的书信上的笔迹与记事本上的笔迹进行了比对，结果证明记事本上的字迹属于科罗纳。最后是科罗纳汽车上的血迹，检测结果显示一共包括 3 种血型，不能排除这些血迹就是被害人留下的。最后检方表示，虽然理查德公开表示真凶另有其人，但他却无法提供确凿的证据。

在双方陈述完毕后，陪审团开始进行表决。第一轮的投票结果是，7 名陪审员认为科罗纳无罪，5 名陪审员认为他有罪。之后开始了反复的重审和商议，一共进行了 16 轮投票才做出最终判决。在此期间，科罗纳要么在狱中等待审判，要么就是出现在法庭上接受审判。

1973 年 1 月，陪审团一致认定科罗纳涉嫌杀死了 25 个人，一级谋杀罪名成立。由于当时加州最高法院已经废除了死刑，所以科罗纳被判处终身监禁，不得假释。

面对这一审判结果，科罗纳表示无法接受，他一直声称自己是清白的，是辩护律师理查德的失职才导致了这样的结果，所以他很快就提起了上诉。在科克兰州立监狱等待重审期间，科罗纳被 4 名犯人袭击了，他被捅了 32 刀，虽然保住了性命，却失去了视力。在医院养好伤后，科罗纳就出院了。此时科罗纳的态度已经发生了转变，他不再坚持认为自己是清白的，他在神父面前承认了自己的杀人罪行，并表示自己是个精神病人，虽然有罪，但不能待在监狱里。

1982 年 2 月，科罗纳的案件开始重审，此时他已经 48 岁了。这一次的审判花费了很长时间，是上一次的一倍，也耗费了许多资金。在法庭上，科罗纳再次坚称自己是清白的，那些凶杀案跟自己毫无关系，对之前的认罪供词全盘否定。但当被问到记事本上的内容有何含义时，科罗纳根本无法给出一个合理的解释。最终法官宣布维持原判，不过科罗纳获得了申请假释的权利，每 4 年可以申请一次。之后，科罗纳一直致力于申请假释听证会。到 2011 年 12 月，科罗纳已经申请过 7 次假释听证会，但都被驳回了。在第七次被驳回的时候，法院做出了一个新规定，科罗纳在 2016 年之前不得再次提交假释申请。

【精神分裂症】

一些罪犯为了逃避法律的制裁，常常会用精神失常来为自己进行辩护。精神失常的确会导致犯罪行为的出现，但并不意味着精神失常的人一定会犯罪。

而且就算一名罪犯被诊断为患有某种精神疾病，那也不意味着他不需要对自己的罪行负刑事责任。

就像科罗纳，他虽然曾被诊断为患有妄想型精神分裂症，还曾接受过多达23次的休克治疗，但这并不意味着他没有做决定或分辨对错的能力。在科罗纳因涉嫌杀害25个人被捕后，他接受了精神科医生的精神鉴定，精神科医生认为他在杀人时很清醒，并未表现出精神失常，他得为自己的行为负责。

与犯罪行为有关的精神疾病主要有四种：第一种是精神分裂症；第二种是双相情感障碍（躁郁症）；第三种是重度抑郁症；第四种是反社会型人格障碍。

精神分裂症是一种严重的精神病，患者会存在思维、感知觉、情感、行为等许多方面的障碍，会产生妄想、幻觉、思维混乱和行为严重紊乱。幻觉也被称为感知觉障碍，主要包括幻听、幻视、幻嗅、幻味及幻触等许多方面，不过最常出现的是幻听。受到幻觉和妄想的影响，精神分裂症患者常常会处于非常混乱的状态，无法分清幻觉与现实，对于患者来说现实与幻觉之间是混淆的。

此外精神分裂症的患者还很容易出现情感障碍，具体表现就是情感冷漠或是情感反应不协调，很容易被愤怒、抑郁、焦虑的情绪所影响。

虽然精神分裂症患者通常被人们称为疯子，他们的言行令人难以接受，但精神分裂症患者实施暴力犯罪的比例却很低。通常情况下，精神分裂症患者只有在幻觉和妄想的影响下才会出现犯罪行为，尤其是当患者处于被害妄想中时，会更容易出现暴力行为。

对于弯刀杀手科罗纳来说，他虽然被诊断出患有妄想型精神分裂症，但他有分辨对错的能力。他一直声称自己是被冤枉的，在第一次审判结果出来后，他直接以辩护律师失职为由提出上诉，这不像是一个精神失常的人所能做出的行为。

在科罗纳被狱友袭击后，他立刻转变了态度，承认罪行并声称自己是个病人，应该被送到精神病院。有许多像科罗纳一样的罪犯，在承认罪行后，会以精神失常为由换取自己进入精神病院的权利，因为相较于监狱残酷的生活，精神病院的生活环境要舒服得多，还不用时刻担心自己被其他犯人暴力袭击。

总之，精神失常不能成为罪犯逃避法律制裁的保护伞。首先，精神医生在为罪犯进行精神鉴定的时候，可能会受到愚弄，有些罪犯特别擅长伪装成精神失常者。其次，就算罪犯被诊断为精神失常，那也不能成为其脱罪的理由，因为罪犯在实施犯罪的时候可能并未受到精神疾病的影响，也就是说他在犯罪时精神疾病并未发作。最后，如果一名罪犯在犯罪的时候受到了精神疾病的影响，也不能说明他一定没有判断是非对错的能力。

此外科罗纳的所有被害人均为男性，许多心理学家认为科罗纳一定长期对其所雇佣的工人进行性侵，但这一猜测并未得到证实。科罗纳的哥哥纳蒂维达德是个同性恋者，而在墨西哥文化中，同性恋是绝对的禁忌。或许，科罗纳杀死这些男性只是为了掩盖自己是同性恋的事实。

Criminal Psychology

字母杀手意外落网——

约瑟夫·纳索

1971年11月6日，纽约罗切斯特市的彻奇小镇上，一个年仅10岁的女孩被人杀害，尸检显示，被害人卡门·科隆遭受过性侵害，最后被凶手勒死。

1973年4月，韦伯斯特县发生了一起命案，被害人是11岁的旺达·沃克奇斯，曾遭受过性侵害，最后被凶手勒死。

6个月后，梅思登小镇又发生了一起相似的命案，死者是11岁的米歇尔·马萨。

这3起发生在20世纪70年代纽约的奸杀案，除了先奸后勒杀的共同点外，警方还发现了一个相同点，即每个被害人的姓和名都以相同字母为开头，并且被害人的尸体发现地首字母与姓名首字母一样。为此，这名连环杀手被称为"字母杀手"。不过也有人表示，这极有可能是一种巧合，没有凶手会刻意按照名字来杀人。警方盘问了数百名嫌疑人，最终也没找到凶手，也没有起诉其中任何一个嫌疑人。

除了纽约，20世纪70年代的加利福尼亚州、内华达州、佛罗里达州也出现过类似的字母奸杀案。警方一直不明白字母杀手为什么要跨州作案，直到重大嫌疑人约瑟夫·纳索进入警方的视线，警方才明白其中的缘由。原来当时纳索因工作调动先后在纽约、加州、内华达州、佛罗里达州待过一段时间，案发地点是根据他工作的调动来决定的。

纳索的被捕是一次意外，警方起初只以为他犯了盗窃罪。在2010年4月，纳索已经76岁了，他因盗窃罪被捕，并获得了假释。后来一名警察韦斯利·杰克逊注意到纳索违反了假释条例，于是决定上门搜查。

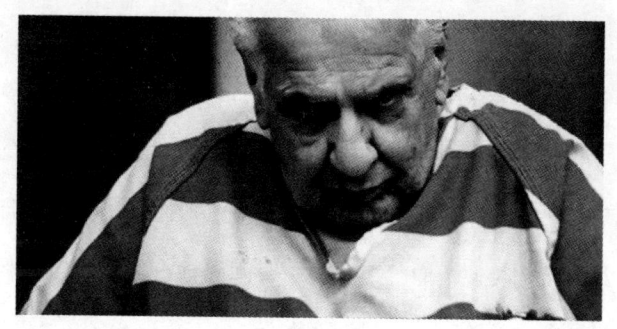

当韦斯利来到纳索住所门前时，纳索根本不想开门，表现得很不情愿，但由于正处于保释期，他只能让韦斯利进门。韦斯利起初只以为纳索可能藏着一些枪支弹药、毒品之类的违禁物品，或者是又偷了什么东西，他万万没想到纳索会是一个连环杀手。

进入客厅后，韦斯利看到了一幕又脏又乱的场景，地上有许多垃圾，桌子上有坏掉的食物，水槽里堆着许多没洗的碗。韦斯利觉得纳索一定是一个人居住，这根本不像一间有女主人的房子。

在进一步的搜查中，韦斯利发现了女人的衣物，还找到了一对塑料模特的长腿，上面套着尼龙丝袜。纳索解释说，他的腿有皮肤病，只能穿女人的连腿丝袜。可是韦斯利看了看纳索露出的脚踝，他明明穿着男人的袜子。

随着搜查工作的进行，韦斯利发现了许多女人的照片，照片上的女人要么全身赤裸，要么只穿着连腿丝袜和高跟鞋，并且都被捆绑束缚着。韦斯利在看这些照片的时候，觉得照片上的女人都是昏迷的，他甚至怀疑有的女人已经死掉了。对此纳索解释说，这些都是艺术照，他曾是个自由摄影师，这些照片都是他在 20 世纪 50 年代拍摄的。

此外，韦斯利还发现了一本日记，上面记录着许多恐怖的内容。例如，在1958 年的某一天，纳索记录道："水牛城北部树林。这妞真漂亮，她坐在副驾驶，我得弄晕她。"还有一则："堪萨斯的一个女人，我和她一起去了弗雷德·阿斯泰尔的舞蹈工作室，她真是个性感的女人，大长腿，穿着丝袜和高跟鞋，在暴风雪的夜晚，我得在车上强奸她。"纳索还在日记中提到，他十分强烈地想强奸并杀死楼上的女住户，只是后来女住户搬走了。纳索日记里所记录的内容基本上都与此类似，而且还写明了时间和地点。这让韦斯利开始怀疑，纳索很有可能是个连环杀手，专门奸杀女性。

此外，韦斯利等警察还在纳索的住所发现了许多女性的真实证件，例如出生证明、护照、工牌等。在纳索的房子里，有一间秘密囚室，这让警察怀疑纳索曾在囚室里关押过许多女人。

在将纳索逮捕后，内华达的警方立刻成立了专案组，开始重新调查许多悬案，最终发现纳索与字母连环奸杀案密切相关，在纳索住所发现的照片和日记里所记录的强奸内容，与字母连环奸杀案相对应。不过由于字母连环奸杀案地域、时间跨度太大，再加上部分证据遗失，警方只能以谋杀其中 6 名被害人的罪名起诉纳索。

但是，当警方将纳索的 DNA 与纽约发生的案件的凶手 DNA 进行比对的时候，却没有匹配上。这让警方怀疑，字母杀手并非只有纳索一人，纳索或许有同伙，或者说纳索是字母杀手的模仿者。

在开庭审理时，除了从纳索家中搜出的证据外，还有许多女性出庭作证，她们大多是受害者，曾被纳索强奸过。在 20 世纪 70 年代的美国，女性的地位很低，即使被害人报案说自己被强奸了，通常也不会受到警察的重视。其中一名被害人表示，她在被纳索强奸后，告诉了母亲，母亲去报了警，但警察不仅没有抓纳索，反而给纳索通风报信，让纳索赶快逃走。

除了被害人外，纳索的前妻朱迪斯也出庭了。她表示，在两人的婚姻关系中，纳索的性需求很变态，他经常将她迷晕，然后强奸她。有一次，朱迪斯被纳索迷晕，纳索叫来一名男子，让男子强奸朱迪斯，而他则在一旁观看。这让警方更加认定，字母杀手并非只有纳索一人，纳索一定有同伙。

最终，纳索被判处死刑。

【三种人格特质与性犯罪】

纳索自始至终都没有承认自己是字母杀手，也没有交代自己的作案动机。不管纳索是不是字母杀手，他都是一个连环强奸犯，许多被害人均可以证明纳索曾犯过多起强奸罪；而且纳索的日记中充满了他对强奸的幻想，字里行间还透露着纳索对强奸罪行的记录。不过对于日记中的内容，纳索表示"强暴"这个字眼在他的家乡并非字面上的意思，是想和女人亲热的意思。

研究显示，如果一个人表现出了以下三种人格特质，那么他极易犯下强奸罪：冷酷无情，反社会性或冲动，性欲亢奋。

冷酷无情的主要表现为：说谎成性、过分自恋、缺乏共情等，例如纳索在出庭受审时，态度十分嚣张，不仅当庭竖了中指，还不知悔改地说，那些女人都是自愿与他发生性关系，他能让法庭上一半的女人自愿脱光衣服。

反社会性或冲动的主要表现有：自制力弱，很早就开始出现犯罪行为，例如纳索除了犯下连环强奸罪外，还是一个屡次因盗窃罪入狱的人。

性欲亢奋的主要表现有：性冲动和性强迫，例如纳索只要看到一个长相、身材不错的女人，就会产生强奸对方的念头。

Criminal Psychology

自称狗奴的连环杀手——

大卫·伯考维兹

1976 年 7 月 29 日凌晨，纽约布朗克斯区的警方接到报案，劳里亚夫妇 18 岁的女儿多娜遭到了枪击。据劳里亚夫妇反映，当天他们与多娜还有 19 岁的乔迪·瓦伦蒂一起外出吃饭。凌晨时分，他们驾车回到了家，不过多娜与乔迪还想在车里单独聊一会儿，于是劳里亚夫妇就先回家了，结果没过多长时间他们就听到了枪声。

警方和救护人员赶到案发现场后发现，多娜的颈部中弹早已身亡，而乔迪的伤在股部，经治疗后活了下来。警方在案发现场找到了 5 枚弹壳，除此之外毫无线索。当时警方只将该案作为一起普通的枪击案处理，毕竟对于纽约这个大城市来说，枪击案并不少见。

10 月 23 日凌晨，警方又接到了一起报案，同样是一起枪击案，发生在皇后区，受袭的是一对年轻的情侣——卡尔·德纳若和罗斯玛丽·凯南，幸运的是两人虽然受了伤，但都没有生命危险。警方从两人那里了解到，在案发时他们正在车里聊天，一个陌生男子突然出现并朝着他们开枪。

11 月 26 日的深夜，纽约皇后区再次发生了一起枪击案，遇袭的是两名年轻的女性，其中一名女性只是被擦伤了表皮，另一名女性的脊椎却被击碎了，造成了终身瘫痪。

这 3 起枪击案都发生在深夜，而且案发现场的弹壳显示凶器是同一把手枪，警方不得不将这 3 起枪击案联系在一起，并认为这很可能是一系列黑帮袭击案件。

1977 年 1 月 30 日的凌晨，第四起相似的枪击案在纽约皇后区发生，遇袭的是一对年轻的情侣——克里斯蒂娜·弗伦德和约翰·迪尔。约翰只是被子弹擦伤了，但克里斯蒂娜的伤势却很严重，子弹击中了她的要害，虽然被送到医院抢救，但还是没能保住性命。约翰告诉警方，在案发时他与克里斯蒂娜正准备去一家舞厅，正走着突然跳出一个陌生的男子朝他们开枪，连开了几枪后，男子便逃走了。相似的枪击案以及来自同一把手枪的弹壳，让警方意识到这一系列枪击案的凶手极有可能是个连环杀手，专在深夜作案。

3月8日的傍晚，一名女学生在回宿舍的途中被人枪杀。根据案发现场的情况，警方推断凶手距离被害人应该非常近，当时被害人看着瞄准自己头部的枪口十分害怕，还企图用手中的书去挡着枪口，但子弹还是穿过书击中了她的头部。

4月17日的凌晨3点，布朗克斯区又发生了一起枪击案，案发现场距离多娜遇袭身亡的地方十分接近。遇袭的是一对情侣，其中一人当场毙命，另一个人在被送到医院后因抢救无效死亡。这一次，警方除了找到与之前案件相同的子弹外，还找到了一封信，这是凶手特意留给警方的。

在信中，凶手自称是"山姆之子"。他说自己的父亲名叫山姆，是一个嗜血的怪物，他从小就被父亲囚禁和虐待。现在老山姆虽然老了，但自己还是被他控制着，因此才来枪杀无辜者，专门为老山姆收集血液。

5月30日，纽约日报的一位专栏作家与警方取得了联系，因为他收到了"山姆之子"的来信。信中，"山姆之子"表示自己杀人就是为了帮老山姆收集血液，在收集到足够的血液之前，他的杀戮不会停止。信的结尾处，"山姆之子"给警方留下了一句话："在7月29日那天警察会做些什么呢？"这显然是一种挑衅，毕竟多娜就是在去年的7月29日被凶手开枪打死的。不过警方也很担心凶手会在今年的7月29日再制造一起枪击案。

为了防止枪击案的再次发生，警方派出了大量的警力在夜晚巡逻，同时警告市民们夜晚尽量减少外出。7月29日那天，纽约并未发生枪击案。

就在警方稍有松懈的时候，31日，布鲁克林区发生了枪击案。受袭的一对情侣都被子弹击中了头部，其中一人因抢救无效死亡，另一个人虽然保住了性命，但左眼却失明了，剩下的右眼也只有80%的视力。

之后的很长一段时间内，警方都未接到枪击案的报案，"山姆之子"似乎消失了，不过这也给了警方足够的时间来分析这一系列枪击案。显而易见，凶手是个连环杀手。据一名幸存者反映，凶手的射击姿势很特殊，这让警方怀疑凶手很可能受过专业的射击训练，甚至可能是警方的内部人士。此外警方还根据目击证人和幸存者的描述，大致了解了凶手的身高和年龄。但这些线索根本无法帮助警方将凶手抓住。

不过凶手却不甘寂寞，他居然又给警方寄了一封信。信中凶手依旧自称是"山姆之子"，还说自己被恶魔附身了。这让警方怀疑凶手可能是个精神病患者，而且应该患有偏执型精神分裂症。于是警方很快对精神病患者展开了排查，结果却一无所获。后来警方又从目击者那里了解到，凶手开着一辆大众汽车。于是警方再次展开排查工作，结果依旧令人失望。警方甚至还派出了一些警察假扮恋人，在凌晨时分出现在案发现场附近，期望能遇到凶手，结果同样毫无所获。

其实早在1977年6月10日，史蒂芬·卡尔就向警方提供了一个重要嫌疑对象——大卫·伯考维兹。在当天，一个名叫杰克·卡萨拉的男人拿着一封信和一张德国牧羊犬的照片找到了史蒂芬的父母。原来杰克收到了一封莫名其妙的信，而寄信人则是卡尔夫妇。卡尔夫妇也很奇怪，他们从未寄出过这样一封信。不过当他们看到那张德国牧羊犬的照片后，立刻想起了一件奇怪的事。

卡尔夫妇的爱犬就是德国牧羊犬，不久前被陌生人用枪打伤了。其实不只卡尔夫妇的牧羊犬，就连邻居的牧羊犬也受了枪伤。在爱犬受伤前，卡尔夫妇曾收到过两封匿名信，写信人抱怨他们的牧羊犬叫声很令人讨厌。

当史蒂芬看到杰克拿来的信和牧羊犬的照片后，立刻想起了伯考维兹，他曾租过自己家里的房子，还抱怨过狗叫声。于是，史蒂芬和卡尔夫妇就报了警，他们还将匿名信交给了警方。虽然匿名信上的字迹与警方收到的"山姆之子"的信件十分相似，但无法仅凭此来证明伯考维兹就是凶手。

1977 年 8 月，一名目击者与警方取得了联系，她告诉警方在听到枪响之前曾看到一名男子拿着枪，她还看到一个警察给男子的车贴了一张停车罚单。这是一条十分重要的线索，警方在翻阅停车罚单时发现了伯考维兹的名字，这说明案发时伯考维兹曾在现场出现过。

于是警方将伯考维兹作为重要嫌疑人开始展开调查。调查的结果让警方更加怀疑伯考维兹：伯考维兹的体貌特征与凶手十分相似；他曾当过保安，会熟练使用手枪。于是警方立即申请逮捕令，抓捕伯考维兹。看到警察时，伯考维兹没有反抗，也不吃惊，只淡淡地说了一句话："怎么这么久才找到我？"警方在他的住所搜到了一把半自动步枪，后来伯考维兹向警方承认自己正在寻找下一个袭击的目标。

在之后的调查中，警方发现他们一直被伯考维兹的信件给误导了。伯考维兹从未被父亲虐待过，所谓的老山姆不过是伯考维兹根据房东山姆·卡尔的名字编造的。

在审讯过程中，伯考维兹企图让警方相信他是个精神病，他声称自己是个狗奴，被邻居家的拉布拉多所控制，那条狗体内是一个古代恶魔的灵魂，而他不得不听从它的指令去杀人，他也曾试图反抗过，比如朝狗射击，却失败了，他不得不继续做狗的奴隶。

在法庭上，伯考维兹也是同样的说辞。伯考维兹说自己在一天夜里被狗叫声吵醒，感觉狗叫声是对自己的一种召唤，它发出命令，让自己去杀人。后来他觉得做狗奴是对他的一种羞辱，愤怒之下伯考维兹就搬走了。然而新邻居家也养了一条狗，是一条黄色的拉布拉多，只要一看到他就狂吠不已，伯考维兹觉得那是狗在朝着自己这个奴隶下达杀人的命令。不过陪审团却根本不相信这个自称是狗奴的连环杀手，最终伯考维兹被判处 365 年监禁。

1953 年 6 月 1 日，伯考维兹出生于美国纽约市的布鲁克林区。伯考维兹的母亲是个未婚女子，父亲则是个有家室的男人。当生父得知自己的情人怀孕了以后，就劝她去做流产手术。但母亲坚持将伯考维兹生了下来，并给他取名为理查德·大卫·凡尔克，凡尔克是伯考维兹生父的姓氏。

出生后一周，理查德被伯考维兹夫妇收养，他们给了理查德一个新的家庭和新的名字——大卫·伯考维兹。伯考维兹夫妇十分疼爱养子，甚至有些溺爱。由于养父母不喜欢社交活动，这让伯考维兹变得有些自闭，他几乎没什么朋友，一直生活在自己的世界里。

后来，养父母告诉伯考维兹，他是被收养的，他的生母因难产而死。这让伯考维兹既内疚又愤怒，再加上他一直有种强烈的自卑心理，从而导致伯考维兹更加排斥养父母和这个家庭。

据学校老师反映，伯考维兹虽然在任何学科上都没有表现出天赋，却十分擅长棒球运动。而在邻居看来，伯考维兹是个精力旺盛的孩子，很喜欢恃强凌弱。

14岁时，伯考维兹遭受了一次重大的打击，他的养母因乳腺癌去世了。伯考维兹将养母的死归结到自己身上，每天都沉浸在悲伤和自责之中，他觉得自己是个被上帝抛弃的可怜人。伯考维兹开始逃学，不和任何人交流。

4年后，伯考维兹的养父再婚了，伯考维兹与这位名义上的母亲相处得并不愉快。很快，养父和他的妻子就离开了纽约，搬到佛罗里达州定居。这下，伯考维兹成了孤家寡人，他感觉自己被彻底抛弃了。

后来伯考维兹决定报名去参军。3年的军营生活对伯考维兹这个性格内向的男人来说十分痛苦，他总是被欺辱和虐待。

1974年，退役的伯考维兹回到了纽约。对于伯考维兹这样的孤家寡人来说，他的归属感需求十分强烈，于是他开始调查自己的生母。调查的结果让伯考维兹惊喜不已，因为他的生母不仅活着，他还有一个妹妹。原来伯考维兹的生母后来结婚了，并生下了一个女儿。

千辛万苦之下，伯考维兹终于与生母取得了联系。亲情的确给伯考维兹带来了一些快乐，但这种快乐十分短暂，他很快就厌倦了，他不再去看望自己的生母和妹妹，又开始了一个人离群寡居的生活。

由于伯考维兹性格内向，他的人际关系十分糟糕，同事们经常奚落他。为了发泄自己的不满，伯考维兹买了一把手枪，经常跑到垃圾场进行射击练习。

此外，伯考维兹还总是纵火。

后来，伯考维兹和一名妓女发生了性关系，这是他的第一次性经验，也是唯一的一次。但这次的性经历却很糟糕，因为他染上了难以启齿的性病，这让他十分憎恨女性。在1975年的圣诞节前夜，伯考维兹犯下了自己的第一案。

据伯考维兹的供述，那天他揣着一把军用匕首上了街，然后扎伤了两个女人。警方在寻找相似的案件时，找到了一个15岁女孩米歇尔·夫曼的遇袭案，她被一名陌生男子刺了6刀，幸运地保住了命。

在伯考维兹被捕之前，警方一直误以为凶手是个专找年轻情侣下手的连环杀手。但实际上，伯考维兹的目标只是年轻女子，他憎恨女人，其中的缘由既有他的生母，也有让他感染性病的妓女。

起初伯考维兹枪杀年轻女子或情侣只是为了发泄，当他发现纽约的各大报刊都在争相报道自己制造的枪击案时，他居然觉得很满足，他非常享受这种被关注的感觉。在伯考维兹被捕入狱后，他成了媒体和出版人追捧的对象，这让他心花怒放。他十分享受这种出名的感觉，并且希望自己能一直被人们关注。

为此，政府还专门出台了"山姆之子法案"，该法案规定出版商不得付给罪犯报酬，从而出版相关的犯罪题材的书籍。不过如果出版商能够保证将5年内获得的盈利都用于补偿被害人或被害人家属，那么就不用受"山姆之子法案"的约束。

1979年，狱中的伯考维兹差点被人杀害。获救后，警方希望伯考维兹能指认行凶的人，不过伯考维兹并未配合警方的工作。

1987年，伯考维兹对外宣称他决定放弃"山姆之子"的称号，他现在是"希望之子"，是一名忠诚的信仰者，因为他不用再被恶魔所控制。后来，伯考维兹获得了一次假释的机会，不过他放弃了，他表示自己的罪恶还没有洗清，得继续在监狱里接受惩罚。

2005 年，伯考维兹向监狱方提出了面见律师的要求。在与律师胡戈·哈玛兹见面后，伯考维兹说他决定将自己的信件和其他个人物品都交给出版商，希望出版商能为他出版一部自传，所得利润的一部分必须得交给那些被害人。

2012 年，伯考维兹开始撰写个人回忆录。在回忆录中，伯考维兹提到了自己的信仰，他说有信仰确实给他的人生带来了不可思议的影响。伯考维兹的回忆录赚了不少钱，不过他将所有的钱都捐给了纽约犯罪被害人基金会。他也因此受到了媒体的广泛关注。

【伪装的精神病者】

许多连环杀手在童年时期都会有三个特征：玩火、尿床、虐待小动物。这些特征伯考维兹都有。首先是尿床的问题，伯考维兹的养母健康状况很糟糕，这导致她情绪不稳定，对待伯考维兹的态度时好时坏，这让年幼的伯考维兹长期处于不安的情绪中，他也因此有尿床的问题。其次是虐待动物，伯考维兹会将阿摩尼亚倒进鱼缸中，然后欣赏鱼渐渐死去的样子；他还曾将强酸泼到小鸟身上，看着小鸟痛苦挣扎直至死亡。长大后，伯考维兹开始杀人，并因此获得性高潮。最后伯考维兹也很喜欢玩火，成年后他成了一名纵火狂，曾在纽约市纵火超过两千次。

在伯考维兹的内心深处，他一直憎恨着自己的生母和妹妹。生母在他一周大的时候抛弃了他，而妹妹则从小享受着母亲的关爱，妹妹比他得到了更多的疼爱。不过当时伯考维兹并未意识到自己对女人的憎恨，直到他因一名妓女染上了性病，从那以后他就患上了性功能障碍。这件事情成了伯考维兹憎恨女性和疯狂作案的导火索。后来伯考维兹发现自己在枪杀女性时，居然能正常勃起。

伯考维兹作案后会留下信件，甚至还主动给警方写信。他这么做固然会增加自己被捕的风险，却能给他带来极大的满足感。他渴望被关注，十分喜欢看到自己的名字登上报纸的头版头条。这是一种极度自恋的表现，在连环杀手中十分常见。

如果一个人在童年时期遭受了遗弃或虐待，没有获得应有的关爱和重视，他就会产生一种无能感，于是渴望外界的关注，渴望成名。

被捕后，伯考维兹一直声称自己是在"恶魔之犬"的驱使下去犯罪的，不过后来他承认，这些都是他捏造的。许多罪犯都会像伯考维兹一样伪装成精神病人，例如宣称自己总会听到无法抗拒的声音，自己的犯罪是被迫进行的，根本不受自己控制。这是因为在绝大多数国家的法律规定中，想要进行无罪辩护，精神病是一个相当重要的理由。精神病患者不仅可以免去死刑，还能避免到监狱服刑。毕竟监狱的环境通常很糟糕，像伯考维兹就差点死在了狱友的手上。

为了防止罪犯像伯考维兹一样伪装成精神病患者逃脱法律的制裁，精神病医生有一整套的测试专门针对"装病者"。

首先，精神病医生会对罪犯的背景进行一番调查。如果一个人真的有精神病，一定会有住院记录，毕竟精神病不是一期一夕就能患上的。幻听是罪犯惯用的伎俩，例如伯考维兹就说自己能听到"恶魔之犬"的声音。幻听的症状通常会出现在精神分裂症患者的身上，但大多数患者的幻听都是良性的，像伯考维兹所描述的"强迫性幻听"不仅少见，更难以导致暴力行为的出现。而且绝大多数的精神分裂症患者由于常年被幻听所困扰，所以他们会选择特定的方式让自己避免被幻听所干扰，例如看电视或运动。

其次，精神病医生会了解罪犯的犯罪现场报告，如果罪犯在犯罪时懂得反侦查技巧，例如擦去指纹、藏匿武器，那么就说明他的精神状况是正常的。伯考维兹就十分懂得与警方周旋，不然他不会接连犯案而成功逃脱警方的调查，此外他在冒险给警方写信的时候也没有被抓住，这根本不像一个精神病患者所为。

最后，精神病医生会和罪犯进行闲聊式的面谈，通常会故意拖延时间，并且多次进行面谈。伪装成精神病的罪犯自然知道精神病医生和自己面谈是为了发现自己的破绽，于是他会十分警惕。但这种警惕不能长时间地维持，在长时间的闲聊中，罪犯会变得疲劳起来，从而露出"破绽"。

Criminal Psychology

与第一夫人合影的杀手——

约翰·韦恩·盖西

1978年12月11日晚上11点多，德斯普兰斯的警方接到报案，报警者叫伊丽莎白，她告诉警方自己15岁的儿子罗伯特·皮斯特失踪了。失踪前，罗伯特曾在一家位于德斯普兰斯的药店里打工。白天时，伊丽莎白还开车去药店接儿子回家庆祝生日，但罗伯特却对她说，他偶然从一个包工头那里得知，有一份可以赚更多钱的工作，他需要去包工头家里讨论一下新的工作。离开前罗伯特还对母亲说，自己很快就会回家。

伊丽莎白回家后一直在等罗伯特回来，结果等到晚上11点，罗伯特还是没有回家，她突然有了不好的预感，于是立刻报了警。

第二天，警方来到药店进行调查。药店老板告诉警方，昨天曾有一个名叫约翰·韦恩·盖西的包工头来店里和他商讨工作的事情，当时罗伯特似乎听到盖西正在找假期工。警方立刻找到了盖西，盖西不仅否认自己与罗伯特谈过话，在被要求到警察局做笔录时，他还谎称自己的叔叔过世了，不得不晚几天去警察局。

12月13日凌晨，盖西来到了警察局，他全身都是泥巴，对警察说自己遇到了车祸。在做笔录的时候，盖西坚持否认自己与罗伯特失踪案有关，也从未给罗伯特提供过工作。不过警方并未相信盖西的话，随后就申请了搜查令。

后来，警方带着搜查令来到了萨默代尔大道西8213号，这里是盖西的住所。警方在搜查的过程中发现了大量可疑的物品：一个高中毕业纪念戒，上面刻着"JAS"；不同的驾照；手铐；关于男同性恋和娈童的书籍；一件与盖西身量不符的衣服；罗伯特工作的药店的收据。

之后，警方暂时扣押了盖西的奥兹莫比牌汽车和他公司的其他机动车，同时派人跟踪监视盖西的一举一动。第二天，警方得知了另一条更加可疑的消息：一年前，在一条伊利诺伊州的河流中发现的两具尸体中，有一名死者曾是盖西公司的员工，名叫查尔斯·哈图拉。

12月15日，警方在调查盖西的个人资料时发现他是个有作案前科的人，曾因虐待和强奸一名青少年被判刑。

后来警方确认在盖西家中发现的那枚纪念戒属于一个失踪的男学生约翰·A.西茨。约翰曾有一辆汽车，与盖西一名员工开的汽车十分相似。警方通过调查发现，这辆汽车的原主人的确是约翰，在约翰失踪后，盖西将汽车卖给了自己的一名员工，还对员工说，车主人急需一笔钱到加利福尼亚州。

12月17日，警方在盖西的奥兹莫比牌汽车中找到了一小撮类似人类头发的纤维，立刻将这些纤维送去进行了检查。检查结果显示，这是罗伯特的头发。

当盖西意识到自己正在被警方跟踪和调查后，就去找了个律师，他对律师萨姆·阿米兰特说，警方的调查工作已经严重干扰了自己的生活，他要控告警方。盖西对警方的态度也十分恶劣，看到警察后会破口大骂，说警察就是一群白痴。有时候，盖西也会表现得很配合，他在外出时会将自己的行程主动告诉跟踪的警察。但警方怀疑，盖西这么做只是为了摆脱嫌疑。

随着警方调查工作的深入，盖西越来越慌张。12月20日，盖西去找自己的律师萨姆，见面的第一句话就是要萨姆给他一瓶酒。在与萨姆的交谈中，盖西表现得很不正常，他指着一份《每日先驱报》对萨姆说，报纸上那名失踪的男孩已经死了，尸体就在河里。

警方一直密切关注着盖西的一举一动，警方发现盖西变得越来越反常，他似乎知道自己即将被捕。

一天，警察跟着盖西的汽车来到了加油站。盖西在给汽车加过油后给了加油工兰斯·雅各布森一小包大麻。兰斯立刻将大麻交给了警察，并对警察说，盖西看起来很不正常，他在将大麻递给自己时还说："我的末日就要来了，这些人会杀死我。"

之后，警方在跟踪盖西的过程中，发现盖西一边开车一边拿着一串念珠在祷告。盖西来到了一个名叫罗纳德·罗德的人家中，此人是盖西的朋友。据罗纳德反映，盖西一看到他就紧紧地抱住他，然后一边哭一边说自己杀死了30个人。警方开始担心盖西会在走投无路之下自杀，于是就以非法藏匿和分发大麻的罪名将盖西逮捕。

被捕后，盖西并未马上承认罪行。但当警方将从他的地下室里找到的一节人手骨和一堆腐烂组织摆在盖西面前时，盖西的心理防线终于崩溃了，他向警方交代说，自己从1972年起就开始杀人，一共杀害了大约25至30人。他经常到芝加哥的车站和街上开车游荡，寻找年轻男孩。看到男妓或离家出走的男孩时，他就会以给予工作或报酬的理由将男孩骗到自己家中，有时也会直接采取暴力手段将男孩绑走。

在自己家里，盖西会给被害人戴上手铐或者用绳子绑住他，然后开始虐待和强奸被害人，最后会将被害人给勒死。通常情况下，盖西每次作案只会诱骗一个男孩到自己家中，偶尔会一下子杀害两名男孩，他将这种情况称为"双捕"。

盖西第一次作案是在1972年1月2日，被害人是一名15岁的少年，名叫蒂莫西·麦科伊。盖西在长途汽车站遇到了蒂莫西，他带着蒂莫西在芝加哥玩了一会儿，然后带着他回家了，盖西向蒂莫西承诺会在第二天早上送他去车站。当天晚上，盖西与蒂莫西发生了性关系。

第二天早上，盖西模模糊糊中看到蒂莫西拿着一把菜刀站在床边看着自己，他立刻惊醒了，从床上跳了起来。蒂莫西也很吃惊，手中的菜刀不小心划伤了盖西的前臂。盖西迅速从蒂莫西手中抢过菜刀，拽着蒂莫西的头发不停地向墙上撞去，最后用菜刀将蒂莫西杀死了。

当时盖西以为蒂莫西想要杀死自己，所以他才会迅速地反击。他本以为这是一场自卫行动，但当他来到厨房时，看见了做好的早餐，他才知道自己误杀了蒂莫西。之后，盖西将蒂莫西的尸体埋在了地板下，并在上面加固了一层水泥。

这是盖西第一次杀人，他认为这完全是一次意外，他根本没打算杀死蒂莫西。但他也承认，第一次杀人虽然让他觉得筋疲力尽，但也很兴奋，他开始意识到，杀人能给自己带来巨大的快感。

在杀死蒂莫西的半年后，盖西再婚了，他与一名带着两个女儿的离异女士卡罗尔·霍夫结婚了。在婚礼举行前夕，盖西被一名年轻男子控告强奸。警方在调查中发现，这名年轻男子企图敲诈盖西，于是这项指控很快就被撤销了。

盖西的第二次作案发生在 1974 年 1 月，被害人是一个身份不明的少年，年龄大概在 15 岁到 17 岁之间。盖西在将被害人诱骗到家中后，就将他勒死了。之后，盖西将尸体藏到了壁橱中。后来他发现尸体的口鼻中会流出一些液体，而且还将他的地毯给弄脏了。为了避免类似状况的发生，盖西在之后的杀人过程中都会先将被害人的嘴巴给堵上。

除了流浪少年和男妓外，盖西也会朝自己的雇员下手，他的雇员大都是年轻男性，有的还是正在上学的少年。

17 岁的约翰·布特科维奇就是在盖西手下工作后不久便离奇失踪的。当时约翰的父亲还给盖西打电话询问儿子的行踪，盖西表示他也不知道约翰的下落，不过他很乐意帮助一起寻找。后来约翰的父亲报了警，盖西因此被警方传讯。盖西对警方的解释是，约翰的确因工资问题来过他家，但很快就离开了。

约翰的父亲一直非常怀疑盖西，所以给警方打了许多次电话，希望警方能继续深入调查盖西。但警方根本没有继续调查盖西，毕竟盖西是个成功的商人，而且经常参加慈善活动。

被捕后，盖西向警方承认的确是他杀死了约翰。那时，盖西故意拖欠了约翰两周的工资，并以解决工资问题为诱饵将约翰骗到自己家中。当时他的妻子带着继女去看望姐姐了，他将约翰杀死后，就将他的尸体藏在了车库的水泥地底下。

1976 年 3 月，盖西与妻子协议离婚了。之前，盖西向妻子坦白他是个双性恋者，自那以后，盖西就与妻子分居了，并常常夜不归宿。后来卡罗尔发现，盖西经常带一些少年到车库里，她还意外发现了盖西的同性恋色情杂志。

没有了卡罗尔的存在，盖西的生活变得更加自由，他不用再向妻子隐瞒自己的所作所为了。在之后的 3 个月内，盖西一共杀死了 8 名年轻男子。

盖西不是每次都能得手，如果对方的身材比较强壮，那么盖西就很可能会失手。1976 年 7 月 26 日，18 岁的大卫·克拉姆成了盖西的雇员。后来大卫与盖西成了同性恋人，开始了同居生活。一天，盖西故意将大卫灌醉，然后用手铐将大卫的双手铐住，他对大卫说，自己要强奸他。大卫立刻清醒了，他直接给了盖西一脚。盖西根本不是身材高大的大卫的对手，最终不了了之。大卫也因此搬出了盖西家，辞掉了工作，彻底离开了盖西的生活。

在提到最后一名被害人罗伯特时，盖西表示当警察找到他的时候，他正忙着处理罗伯特的尸体，所以就找借口说自己的叔叔去世了。等他将尸体处理好后，去警察局的路上却遭遇了车祸，所以到了凌晨才赶到警察局。

根据盖西交代的藏尸地，警方开始了挖掘工作。不过由于芝加哥的寒冬将至，警方只能将挖掘工作从 1979 年 1 月推迟到 3 月。

3 月 9 日，警方在盖西后院的烧烤架旁的坑里挖出了第 28 名被害人的尸体。3 月 16 日，警方在盖西住所客厅的地板下找到了一具尸体，这是警方在盖西房屋内所发现的第 29 具尸体。

最终，警方在盖西的指引下一共找到了 33 具尸体。其中在盖西的房屋里挖出了 29 具尸体，另外 4 具尸体是在德斯普兰斯河里发现的。盖西之所以会选择将尸体扔到河里，是因为他的地下室实在塞不下了。

经统计，在盖西杀死的这些人中，年纪最小的只有 14 岁，年纪最大的也只有 21 岁。另外有 7 名尸体的身份一直没有得到确认。

盖西的罪行一经曝光，立刻在当地乃至全国引起了轰动。许多人都不敢相信盖西居然是个连环杀手。在罪行被揭露之前，盖西是个相当成功的人。他有一家颇具规模的建筑公司，主要经营绘画、装修、保养、室内设计和安装等业务。此外，盖西还十分热衷于慈善事业，他会给员工提供免费的服务，还加入了一个慈善性的俱乐部——"快活小丑"。盖西和俱乐部的所有成员一样，会定期装扮成小丑参加筹款活动或为住院的儿童带来欢乐，他还专门设计了一套专属于自己的小丑服装。而且盖西还曾担任芝加哥波兰立宪日游行活动的策划人，活动中他曾和当时的第一夫人罗莎琳·卡特合影，照片背面不仅有罗莎琳的签名，还有罗莎琳写下的一句话："向约翰·盖西致以最良好的祝愿。"在盖西的罪行曝光后，这件事一度让美国政府十分尴尬。

1980 年，盖西被判处死刑。

1942 年 3 月 17 日，盖西出生于芝加哥一个中产阶级的家庭中。在家里的
3 个孩子中，盖西排行第二，上面有个姐姐，下面有个妹妹。盖西与母亲、姐
妹之间的关系很好，但与父亲的关系却很糟糕。

盖西的父亲是个退伍军人，离开军队后成了一名汽车维修工。盖西的父亲
不仅脾气暴躁，还有酗酒的毛病，每次喝醉酒都会殴打妻子和孩子。盖西身体
比较肥胖，还有轻微的心脏病，无法像其他男孩一样参与到体育运动中，为此
父亲总是看不上他，觉得盖西没有男子气概。

6 岁时，盖西因偷商店的玩具车被父亲发现，父亲在用皮带抽打他的时
候，母亲看不下去上前阻拦，这让父亲很不高兴，他骂盖西是"娘娘腔""妈
妈的男孩"，长大后会成为同性恋。

7 岁时，盖西与一个男孩性骚扰了一个女孩。9 岁时，盖西被一个承包商
猥亵，他将此事隐瞒了下来，他不想因此受到父亲的责怪。

在学校里，盖西几乎没有什么朋友，还总因身材肥胖和心脏病被同学们嘲

笑。不过据老师们的反映，盖西小时候很热情，很喜欢帮人做些小事。四年级时，盖西因身体健康的问题不得不经常请假住院治疗。为此盖西的父亲总怀疑儿子是在故意装病。

随着年龄的增长，盖西不仅无法从父亲那里获得尊重，反而总会被醉酒的父亲殴打出气。盖西从未反抗过，只是沉默地接受着父亲的责骂和殴打，这使得盖西与父亲的关系越来越糟糕。

18岁时，父亲给盖西买了一辆车，不过汽车在父亲的名下，而且车钥匙保管在父亲手里，每个月盖西都要对父亲还款，不然就会被没收钥匙。要是盖西不听话，车钥匙也会被收回。盖西十分反感父亲对自己的控制，后来他配了一把车钥匙。父亲得知后十分生气，就直接将汽车的分电器盖给拆掉了。

后来，盖西被安排到内华达州拉斯维加斯的救护车服务站和停尸房工作。这份工作虽然只持续了3个月，却给盖西带来了很大的影响。盖西清楚地记得，一天晚上自己单独在停尸房工作的时候，忍不住躺在一个年轻男子的尸体旁，拥抱并抚摸那具冷冰冰的尸体，他还因此产生了快感。

回到芝加哥后，盖西进入西北商学院学习，并在1963年毕业。毕业后，盖西在纳恩布什鞋业公司找了一份销售员的工作。1964年，盖西被调到了伊利诺伊州斯普林菲尔德市工作，不久之后盖西就从一名销售员晋升为部门经理。其间，盖西加入了斯普林菲尔德市青年商会，并渐渐成为商会的骨干。

在商会举行的一次酒会上，盖西在醉酒状态下被一名男同事带回了家，之后男同事与盖西发生了性关系。从青春期起，盖西就感觉自己可能喜欢同性，但他一直在回避自己的性取向，这也是盖西的第一次同性恋性行为。

1964年9月，盖西与女同事玛丽莲·迈尔斯结婚。盖西的岳父是几家肯德基的老板，他不仅帮助岳父管理着3家肯德基，还开了一家装修公司。他也因此成为青年商会的副主席，是个前途无量的杰出青年。就连父亲也忍不住赞赏盖西："儿子，是我看错你了。"后来玛丽莲为盖西生下了一个儿子和一个女儿，这让盖西十分开心。

　　表面上看，盖西是个人生赢家，不仅事业成功，还有美满的家庭。但实际上，盖西却有一个地下俱乐部，专门诱骗一些十几岁的少年，将对方灌醉后强行与其发生性关系。事后，盖西会给被害人一些金钱上的补偿。虽然有些被害人选择了沉默，但有的被害人却选择了报案。

　　康纳德·福尔西斯就是被盖西强奸的被害人之一，只有 15 岁。康纳德将自己遭受性侵的经历告诉了父亲，他的父亲立刻报了警。被逮捕后，盖西坚决否认康纳德的指控，甚至还出钱找人将康纳德殴打了一顿。最终，盖西只能承认自己与康纳德发生了性关系，但那是在康纳德主动的情况下。

　　1968 年 9 月 3 日，在接受审判之前，盖西被安排接受了精神病医院的精神病评估。最终的评估结果显示，盖西具有反社会人格，而且难以治愈，会反复和社会规则产生冲突，但盖西却有精神能力接受法庭的审判。最终盖西被判定为强奸罪，处以十年监禁。

很快，玛丽莲就要求离婚，并且要求获得所有的财产、家产以及两个孩子的抚养权，此外盖西还得给孩子们抚养费。1969 年 9 月，法院判定二人离婚，并接受了玛丽莲的要求。从那以后，盖西就再也没有和玛丽莲、一双儿女见过面。

获得假释后，盖西回到芝加哥和母亲一起生活，在母亲的帮助下，盖西有了自己的房子。后来他成立了一家建筑公司，渐渐在芝加哥稳定下来。

在等待死刑的过程中，盖西开始画画，他最喜欢画小丑。盖西对小丑这个角色充满了感情，被捕前盖西就很喜欢打扮成小丑。盖西的画作不仅能卖得出去，还会举行作品展览。有人批评盖西用作品赚钱，盖西反对这种说法，他说自己创作的目的是给人们的生活带来快乐。也有官员表示，盖西应该用卖画所得的钱来支付自己的监禁费用。盖西表示，如果监狱觉得自己的开销太贵了，完全可以将他从监狱里赶出去。

在执行死刑的前几天，盖西被迫从监狱里搬出来，他去了一个死亡囚室，连环杀手理查德·斯派克就曾在这里待过。死亡囚室长有 6 英尺①、高 12 英尺，里面有一个写字台、一个钢马桶和一个水槽，墙壁全部是加固的钢板。

1994 年 5 月 10 日，这是盖西被执行死刑的日子。他获得了在监狱与家人聚餐的机会。晚上，盖西接受了一名天主教神父的祷告。盖西在接受注射死刑的时候出现了一个小意外，注射用的化学品意外凝固，堵塞了针管，工作人员不得不更换了新的针管。

深夜 12 点 58 分，工作人员表示盖西已经死亡了。之后，盖西的大脑就被

---

①1英尺约等于0.3米。

移除并送到了海伦·莫里森博士那里，莫里森博士是专门研究暴力反社会人格的专家。通过检查，莫里森博士并未发现盖西的大脑与正常人有什么不同。

【结构性的行为变化】

与一些连环杀手不同，盖西的大脑与正常人无异，莫里森博士并未在盖西的大脑中发现损伤、肿瘤或疾病。但这并不能表明盖西的大脑就是正常的，莫里斯博士认为，盖西的大脑回路和化学物质在他成长的过程中一定发生了变化，这种变化虽然很细微，却给盖西的行为带来了结构性的变化。盖西因此变得冷漠且难以体会到正常人的情感，例如他从不会有悔恨的情感。

盖西被捕后虽然交代了自己的罪行，但从未对自己的罪行表示过任何悔恨。在临死前，盖西也没有对自己的罪行表示忏悔，他只留下了一句非常无礼的遗言："亲亲我的屁股。"在被宣布判处死刑时，盖西表示，判处他死刑并不会弥补任何人的损失，而且死刑实际上就是对他的谋杀。他还表示自己所犯下的唯一罪行就是没有执照就经营着一个墓地。

对于像盖西这样的情感冷漠的人来说，他的大脑长期处于麻木的状态，很少会产生兴奋和激动，因此盖西需要非同寻常的刺激，这种刺激对于我们正常人来说往往是恐怖的。例如盖西在夜晚会主动和尸体躺在一起并抚摸尸体。盖西第一次杀人的确如同他所说是一次意外，但他却从这次意外杀人中感受到了兴奋和刺激。这足以证明盖西的大脑回路和化学物质与常人不同，如果换做是一个正常人，一定会陷入恐惧和愧疚的情绪中。

不过盖西十分善于伪装，他会像正常人一样生活，例如在儿童聚会上装扮成小丑表演节目，给人们带来欢乐。但实际上他的内心十分阴暗，会让所有正常人震惊。

在盖西的成长经历中，父亲对他的影响无疑最大。在盖西的原生家庭里，父亲是个权威般的存在，但他却从未得到过父亲的认可，即使他努力想讨得父亲的欢心，也从来没有成功过。于是盖西在父亲的否定中失去了对自己价值的认同，对自我没有一个准确的定位，这导致他从未体会到过自己存在的真正价值。

长大后，盖西开始强奸和杀害比他弱小的年轻男子，他尤其喜欢用绳子勒住被害人的脖子。盖西在 1992 年接受采访的时候表示："绳子是最好的杀人工具，它可以技巧性地切断空气，所以当你想杀死一个人的时候，你一定得选择绳子，将绳子环在那个人的脖子上，然后再缠三圈或四圈，可以根据你的喜好而定，你会看着那个人挣扎着，最后停止了挣扎。"盖西在杀人的时候，能体会到自己存在的价值，好像对方的生命完全被他所掌控。

Criminal Psychology

凶手不止一个——

澳洲五起虐杀案

1979年6月的一天，澳大利亚阿德雷德的一名17岁少年失踪了。后来，艾伦·亚瑟·巴尼斯的尸体被人在阿德雷德东北部的水库发现，他的尸体被严重肢解。此外，艾伦的尸体上还有被殴打和虐待过的迹象。法医还在艾伦尸体的血液中发现了一种毒性物质，显然他曾被人下过毒。

警方通过调查从目击者那里了解到，艾伦在失踪前，曾和朋友一起度过了周末，然后在回家的路上失踪。据目击者反映，艾伦曾在路边准备搭乘顺风车，最终上了一辆载着三四名男子的白色霍顿汽车，从那以后，就再也没人见过艾伦，直到他的尸体被人发现。

1979年8月28日，阿德雷德警方再次接到报案，有两个钓鱼者在波特河里发现了一具尸体，死者是失踪的尼尔·弗雷德·里克缪尔，25岁，独自一人居住在阿德雷德，是个瘾君子，经常光顾夜总会，频繁搬家。

尼尔的尸体被肢解得七零八碎，此外法医在尼尔的体内发现了美沙酮药物的痕迹。

警方在调查中锁定了一个嫌疑人，这是一名45岁的医生，名叫彼特·莱斯利，有目击者告诉警方，彼特与尼尔关系密切，在尼尔死前的几天两人还曾待在一起。警方调查发现，彼特是一名同性恋，有酗酒的毛病。

在一家康复中心，警方找到了彼特，当时彼特表示他一定会将自己所知道的情况都告诉警方。然而几天后，彼特的态度发生了变化，他交给警方一份书面声明，表示在没有律师在场的情况下他不会回答警方的任何问题。

警方在搜查彼特的住所时发现了一些可疑的证据，例如浴室地板上的血液痕迹，这些痕迹已经被化学试剂清洗过许多次，此外警方还找到了与尼尔尸体上一样的垃圾袋和绳索。

1980 年下半年，彼特接受了审判。在法庭上，彼特表示他不认识尼尔，也从来没见过尼尔，不过许多证人均表示彼特与尼尔之间的关系十分密切，已经交往了许多年。由于检方所提供的证据都是间接的，彼特被宣判无罪释放。2015 年，80 岁的彼特在养老院去世。

1981 年 8 月 27 日，一个同样叫彼特的 14 岁男孩失踪了。彼特来自一个中产家庭，与父母居住在阿德雷德东北区。在失踪的当天，正好是星期四，彼特像往常一样去上学，不过他并没有去学校，而是逃学去市区闲逛，他和朋友约好在一尊银色雕塑旁见面，但彼特的朋友并未见过他。

到了晚上，彼特还没回家，他的父母开始到处找他。彼特的父母在车库里发现了彼特的书包，这是彼特在逃学时故意将书包藏在车库里的，因为这样如果父母先回家，就不会发现他逃学了。彼特的父母给他的朋友打电话，询问儿子的情况，这时他们才发现彼特失踪了，于是立刻报了警。

警方在搜寻彼特的下落时，从一名目击者那里了解到，在彼特失踪的当天，他曾出现在购物广场，当时他和一名成年男子在一起。

10 个月后，彼特的尸体残骸被一名农夫发现。当时农夫正在清理自己的农田，他将一些灌木和农作物集中在一起燃烧，在火焰熄灭后，他开始清理燃烧残余物，结果发现了一个头颅。后经证实，这个头颅属于彼特。由于彼特的尸身已经被焚烧，因此法医无法确定彼特的死因和死亡时间，就连证据也被烧毁了。不过警方发现彼特的尸体被锯子割成了三块，这让警方联想起了之前的被害者尼尔。

1982 年 2 月 27 日，18 岁的马克·安德烈·兰利失踪了。在失踪的当天，马克和家人一起去参加了朋友的 18 岁成人生日聚会。聚会结束后，马克和几个朋友一起乘车去阿德雷德市区。在路上，马克与朋友发生了争吵，朋友将车停在了托伦斯河沿岸的战争纪念大道上，马克打开车门下了车。马克的朋友当时正在气头上，并未理睬马克，就开车走了。

几分钟后，马克的朋友开始担心起马克来，就开车回去寻找马克，结果怎么找都没发现马克的身影。第二天，马克的父母发现儿子没回家，就报了警。

9 天后，马克的尸体被人发现。尸检结果显示，马克和之前的被害人一样，都是肛门损伤造成大量失血而死。此外，法医还在马克的体内发现了一种镇静剂。这种镇静剂被广泛应用于同性恋群体。

警方怀疑，马克是在其他地方被害，然后被凶手弃尸荒野。这说明，凶手有一个隐秘的囚禁地，专门在里面性侵和虐待被害人。

1983 年 6 月 5 日，澳洲 9 号电视台著名新闻主播罗布·凯尔文 15 岁的儿子理查德失踪了。那是个星期天，罗布与理查德还有鲍里斯在公园里踢球。踢完球后，罗布先回家了，他的住所就在附近，步行即可。而理查德则陪着朋友鲍里斯一起去公车站搭车，他们来到公车站后，在等车的时候聊了一会儿。车来后，鲍里斯就上车了，理查德则准备步行回家。理查德的家距离马克失踪的战争纪念大道只有几个街区。

理查德失踪的那天，脖子上正好戴着一个颈圈，这是他家狗所戴的狗项圈。对于虐恋群体（SM）来说，狗项圈具有一定的象征意义，象征着一种主导者和从属者的关系，SM 群体则需要通过施虐和受虐而达到性高潮。

理查德失踪后，他的父母立刻报了警。警方起初怀疑，理查德只是离家出走了，许多叛逆的青少年都会离家出走。但理查德的父母却反对这种说法，在他们看来理查德是个快乐的孩子，而且刚刚结识了一个女朋友，他曾对母亲说，想要在 19 岁的时候向女朋友求婚。

理查德失踪案在当时引起了巨大的轰动，毕竟他的父亲罗布是个顶级新闻播报员。由于社会影响大，该失踪案被移交给了重案组。一般情况下，重案组所负责的案件都是系列杀人案或大规模杀戮案，不过也会负责一些颇有影响力的案件。

重案组接手该失踪案不久就接到了一个匿名者所提供的信息，匿名者说理查德被关押在阿德雷德山麓的一辆大篷车里，而被害人之一马克的尸体就是在阿德雷德山的山脚下被发现的。警方立刻派出直升机对该地展开了搜查，结果一无所获。

接下来的几个星期内，重案组接到了许多匿名者打来的电话，不过他们所提供的线索没有任何价值，反而使重案组的警力被分散，从而错失了营救理查德的最佳时机。

随着时间一天天过去，重案组越来越不抱希望，认为理查德很有可能已经被害。因为之前的被害人艾伦和马克都是在星期天被绑架，而在绑架后的几天就被杀害了，理查德很有可能是被这同一个人或同一伙人给绑走的。

1983 年 7 月 24 日，理查德的尸体被人在克劳福德山森林里发现，他身上穿着失踪当天的衣服，脖子上的狗项圈还在。尸检结果显示，理查德的肛门受到了严重损伤，并引发了大出血导致死亡，此外法医还在理查德的体内发现了好几种镇静剂。与之前的被害人不同，理查德在被囚禁和折磨了 5 个星期后才死亡，他尸体上的痕迹显示他生前遭受了非人的折磨和殴打。

这时，警方才将艾伦、尼尔、彼特、马克和理查德的被害联系起来，警方怀疑阿德雷德潜伏着一个或一伙连环杀手，他或他们专找年轻男子下手，凡是被他或他们绑走的男子，通常都会受到虐待和性侵，从而因肛门大出血而死亡。

1983 年 10 月，阿德雷德的警察局来了一个名叫乔治的少年，他怀疑自己被性侵了，于是来报警，他同意接受检查和测试。检查结果显示，乔治的肛门有撕裂痕迹，他的确受到了性侵，此外医生还在乔治的体内发现了一种受监管的非处方安眠药。

乔治告诉警方，在遭受性侵的那天，他在路边搭便车时遇到了一名陌生男子，男子邀请他参加一个派对，还说派对上会有一些女孩子。乔治一听立刻就心动了，他上了车，男子从后座的冷藏箱里给乔治拿了一瓶啤酒。

男子将乔治带到了一个地方，那里有两个女孩，实际上这两个女孩是由男变女的变性人。乔治坐下来与他们一起喝酒聊天，在乔治喝得微醺之际，男子递给他几颗药丸。之后乔治的意识就开始模糊了，他只记得自己好像和一个女孩发生了性关系，之后所发生的一切他都不记得了。

第二天，乔治醒来后，发现自己已经回到了家里。后来他感觉到自己的肛门处痛感很强烈，于是怀疑自己被性侵，就来到警察局报案。警方认为，乔治是在服用了非处方安眠药后失去了知觉并昏迷过去。对于那名陌生男子以及被带去的地方，乔治都没了印象，他只记得那名男子的头发好像被人工染过。

警方在调查这种非处方安眠药的购买者时，发现了一个可疑的失眠患者，他叫作贝凡·埃纳姆。

现如今，澳大利亚已将同性恋婚姻合法化。但在 20 世纪 70 年代，同性恋在澳大利亚是非法的。阿德雷德的托伦斯河旁，每到夜晚就会聚集着各种各样的男子，他们都是同性恋，在这里他们举办派对、喝酒、吃饭，甚至还会躲在树丛中做爱。而警察则会拿着手电筒在此地来回巡逻，以抓捕同性恋人。不少警察在抓到同性恋人后，会羞辱、嘲讽、殴打他们，有的警察甚至还会将同性恋人故意丢在河中。

　　1972 年 5 月 10 日的晚上，罗杰·詹姆斯在托伦斯河边和朋友聚餐，其间他认识了 41 岁的乔治·邓肯。罗杰因性取向被踢出了军队，一家制药公司在发现了他是同性恋之后也将他解雇。乔治是阿德雷德大学的教授，7 岁前与父母一起生活在伦敦，后移民澳大利亚，长大后去了剑桥大学读书，后又回到澳大利亚任教。两人相谈甚欢，一边聊天一边散步。

　　就在这时，几名警察出现了，警察将两人抓住并丢进了河里。乔治被丢进河里后直接被河水卷走了，第二天警察从河中打捞出了乔治的尸体。罗杰在被丢进河里的时候脚踝骨折了，幸运的是他被一个人救了出来，这个人就是埃纳姆。埃纳姆将罗杰从河里拉出来后，就开车将他送到了附近的医院。

　　第三天，媒体立刻赶到了托伦斯河，当时警察刚刚将乔治的尸体打捞出来。后来警察当着媒体将尸体扔到河里，重新打捞了一回。

　　乔治的溺亡在整个南澳引起了巨大的轰动，毕竟他是个剑桥学者、法学教授，就这样平白无故地被人丢进河里丧命。3 名涉案警察也因此被开除公职，最后因证据不足撤销了对这 3 名警察的指控。

　　后来，南澳政府废除了反对同性恋的法律，南澳也因此成为澳大利亚第一个将同性恋非刑罪化的州。

　　埃纳姆在一家公司担任会计，与母亲居住在阿德雷德东北部。在周围人看来，埃纳姆是个工作认真、善良的人。实际上，埃纳姆经常绑架、性侵年轻男子，甚至还会杀人。由于埃纳姆年少时就出现了白头发，因此每个月他都会去理发店染头发。埃纳姆经常失眠，他经常在深夜时分喝酒，然后开着车四处闲逛，从而度过漫漫长夜。此外，埃纳姆可以拿到医生的处方安眠药。

　　警方通过进一步的调查发现，埃纳姆曾与被害人尼尔交往过，而且在被害人马克失踪的当天晚上，埃纳姆曾喝了酒开车在战争纪念大道上转悠。而在理查德失踪的那天，埃纳姆正好请了一个星期的假，据他自己说，那段时间他感染了流感，就请假在家休息，他还拿出了医生开的证明，不过医生的证明可以帮他买到更多的安眠药。此外，警方还发现在理查德尸体被发现的前后，埃纳姆将自己那辆福特猎鹰卖掉了。令人怀疑的是，埃纳姆在卖车前，还专门将汽车的后备厢上了一层漆。这种种发现让警方怀疑，埃纳姆就是他们要找的连环杀手。

不久之后，警方联系到了一个重要证人B。在艾伦被害的前后，B曾给警方打过一个匿名电话，他暗示警方埃纳姆就是杀死艾伦的凶手。警方在和B取得联系后，B同意与警方见面。

B只有20岁左右，是个双性恋男子，他说自己在1979年6月认识了埃纳姆，那段时间艾伦正好失踪了。B表示，他经常和埃纳姆开着车在路上转悠，从而寻找想搭乘顺风车的年轻男子，他们引诱男子，让他去参加一个派对。埃纳姆经常引诱这些上车的男子服下一些药丸，那些药丸就是他购买的安眠药。此外，B还提到在埃纳姆的汽车后座上有一个冷藏箱，里面装满了啤酒。埃纳姆有个变性朋友，为了换取毒品常常与各种各样的人发生性关系。这一切都与受到性侵害的乔治所描述的情况相吻合。

B还说，埃纳姆虽然与母亲住在一起，但他的母亲有个雷打不动的习惯，每隔一周就会去外地探访亲戚。母亲不在家的这段时间，埃纳姆就会将绑架的年轻男子带回家。由于埃纳姆家的车道很特别，邻居们并不会发现异常。B曾亲眼看着埃纳姆用安眠药将绑架来的男子迷倒。不过B表示，自己虽然参与过几次绑架案，但在事态无法控制之前就主动离开了。

警方在搜查埃纳姆的住所时，发现了大量的安眠药，其中有两种药物曾经在理查德的体内被发现。除此之外，警方并未找到其他证据，例如血迹等。显然证据已经被清除了，警方怀疑实施犯罪的人并非只有埃纳姆一人，他应该有同伙。

警察鲍勃在埃纳姆家的车道上发现了一辆可疑的汽车，汽车的主人是个商人。虽然在警方看来，这名商人有重大嫌疑，但因证据不足无法对其提出指控。

在接下来的一段时间内，警方搜集了埃纳姆住所衣服和家具中的纤维，并将这些头发纤维送到实验室进行检测。检测结果显示，理查德衣服上的纤维与埃纳姆住所床上、地板上的纤维相吻合。

在这项证据面前，埃纳姆承认理查德曾去过自己家。在理查德失踪的那天，埃纳姆在找停车位的时候遇到了理查德，当时理查德的心情很不好，他在学校遇到了一些麻烦，于是埃纳姆开始开导理查德，并将其带回了自己家。埃纳姆表示，那天晚上他只与理查德聊天和拥抱，除此之外什么也没做。后来，埃纳姆将理查德送到了公交站，临走前还给了理查德一些钱。对于埃纳姆的新口供，警方当然不会相信，因为他的口供与案情存在许多矛盾。

1984 年 11 月 5 日，埃纳姆谋杀理查德的罪名成立，被判处终身监禁，24 年内不得申请保释，之后改为 36 年内不得申请保释。

虽然埃纳姆被送进了监狱，但这起系列谋杀案还远远没有结束，警方怀疑还有几个重要嫌疑人依旧逍遥法外。

其中一个嫌疑人就是之前警方所怀疑的商人。警方在调查他的时候发现，商人有一幢两层的商业楼，第一层用来做生意，第二层是管理层，有一个房门紧闭的房间，里面空荡荡的，只有一张床垫。此外，该商人经常在男同性恋聚会的地方出现，有殴打年轻男子的劣迹。商人有个朋友叫史蒂芬，也有重大嫌疑。史蒂芬是个医生，经常性骚扰年轻男子。

此外，警方还认为有两个人也参与了这起系列谋杀案，他们就是德伦斯和吉诺。德伦斯在 1979 年被自己的年轻男性情人所杀，他的尸体就被藏在家中的冰柜里。而吉诺则因多起性侵罪被迫逃离澳大利亚，而他性侵的对象都是年轻男子。

1988 年，警方给出了 25 万澳元的赏金，希望有人能提供和艾伦、尼尔、彼得、马克被害案相关的线索。1989 年，警方的赏金提高到了 50 万澳元。2008 年，随着 DNA 技术被运用到刑侦中，警方开始重新审理这些尘封多年的旧案。但却依旧毫无收获，警方发现嫌疑人的 DNA 与被害人身上发现的 DNA 并不匹配。

2014 年，警方再次得到一条重要线索。一个名叫特雷弗的男子死后，他的家人在整理他的遗物时发现了一本日记。在日记中，特雷弗提到了一个特殊的团体，这个团体的成员性侵或虐待年轻男子，他们常常在一起策划如何绑架、迷奸、性虐待甚至是谋杀年轻男子。在这本日记里，特雷弗除了提到已经被定罪的埃纳姆和上述 4 名主要嫌疑人外，还提到了埃纳姆的发型师丹尼斯。此外，特雷弗的住所与那两名被埃纳姆用来引诱年轻男子的变性人住所距离很近。

【性欲倒错行为】

种种证据显示，虐杀 5 名年轻男子的凶手不止埃纳姆一人。据说，涉案的犯罪嫌疑人可能多达 12 名，其中包括一些社会地位很高的人，例如商人、律师和医生。在警方看来，被定罪的埃纳姆只是该犯罪团伙中的一枚棋子，他应该不是策划者，因为他的犯罪手法并不高明，警方认为他没有足够的智商去犯下所有的罪行，并且将证据清理得如此干净。

最关键的是，被害人尼尔和马克的尸体都有被动过手术的痕迹，例如马克的肚脐下就被切开并缝起来，这显然是专业医生才拥有的技能，而埃纳姆毫无医疗专业的知识背景，他根本无法做到。

埃纳姆所属团体中的成员虽然来自不同的社会阶层，既有商人、律师这样的社会地位很高的人，也有像埃纳姆这样的普通人，但他们却有一个共同的爱好，即都喜欢性虐年轻男子，这是一种性倒错行为。

所谓性倒错，就是指一个人在性方面有着特殊的癖好。根据精神医学诊断手册，性倒错行为主要有九种：露阴癖、恋物癖、触摸癖、恋童癖、性虐待狂、受虐狂、扮异性恋物癖、窥阴癖以及未注明之性倒错。显然埃纳姆等人属于性虐待狂，他们只能通过给他人心理或身体上施加痛苦，才能获得性兴奋。

Criminal Psychology

用处决的方式杀人——

大卫·卡彭特

1979 年 7 月，有人在塔玛佩山斯州立公园里发现了一具女尸。死者是 7 月 16 日失踪的安妮·凯丽·梅基凡。尸检结果显示，安妮生前遭受了强奸，最后被人刺死。由于安妮已经失踪了好几天，警方推测凶手将安妮绑架后，将她囚禁了好几天，在这期间安妮应该遭受了数次强奸，最后凶手才将她刺死，并将尸体扔到了塔玛佩斯山州立公园里。

8 月底，塔玛佩斯山州立公园里再次出现了一具女尸，死者的双眼被遮住、双手被反绑在背后，后脑勺上有一个枪眼。显然凶手在决定杀死被害人的时候，采用了一种处决的杀人方式，这种杀人方式充满了仪式感，他将被害人的双手反绑在背后，然后让她跪在地上，最后朝着她的脑袋后面开了一枪。警方很快就确认了被害人的身份，是在 8 月中旬失踪的艾达·凯恩。艾达是在塔玛佩斯山州立公园里徒步旅行的时候失踪的，她被凶手绑走后，囚禁了一个星期，然后被杀死。

1980 年 3 月，塔玛佩斯山州立公园里再次出现了一具女尸。死者的尸体胸口处有两处看起来非常刺眼的刀伤。警方很快确认了死者的身份，是 23 岁的巴贝拉·施瓦兹。

1980 年 10 月，26 岁的安妮·奥尔德森在夜跑的时候失踪了。一个星期后，奥尔德森的尸体被人发现，她与艾达一样被以一种处决的方式杀害，警方推断杀死奥尔德森和艾达的应该是同一个凶手，并给凶手起了一个外号——"小径杀手"。此外，警方还怀疑这个小径杀手就是之前的"黄道十二宫杀手"，不过后来警方放弃了这个猜想，因为两者的犯罪现场有很大出入。

后来警方锁定了一个犯罪嫌疑人，此人身上背负着命案，在杀死了自己的两个兄弟之后，就带着母亲躲进了塔玛佩斯山里。警方在搜查塔玛佩斯山的时候，在山脚下找到了此人。当警方将此人带回去进行审问后，发现此人并无作案的可能，最关键的是小径杀手的杀戮还在继续着，显然眼前的这个人并非小径杀手。

1980年11月29日，人们在雷耶斯公园内发现了一具女尸，死者是两天前失踪的25岁的苏娜·梅，她在雷耶斯公园里散步的时候被人绑走。警方在苏娜的脑袋上发现了被子弹射穿的痕迹，显然她也是被凶手射杀的。

警方在对苏娜尸体附近的场地进行搜查的时候，发现了一个可疑的地方，有片土地似乎被人翻动过，于是警方在此地展开了挖掘，并挖出了一具尸体。死者与苏娜一样，被人用枪射穿了脑袋，她也是在雷耶斯公园散步的时候失踪的，已经失踪了一个多月，名叫戴安娜·奥康奈尔。

警方的搜查工作依旧在继续，到了傍晚时分，警方在公园的角落里找到了两具女尸，这两名死者的死法、死亡时间都一样，显然是被同一人杀死的。后来警方确认了两名死者的身份，分别是18岁的辛西娅·莫兰和19岁的理查德·特沃兹。

这4起凶杀案在当地引起了巨大的恐慌，毕竟4具尸体是在同一天被发现的。各路媒体纷纷开始大肆报道雷耶斯公园发生的命案，这无形中给警方的破案造成了巨大的压力。

1981年3月的一天，警察局跑进了一个恐慌的男子，他对警方说自己和女朋友艾伦·汉森在圣克鲁兹附近的公园里慢跑时，突然跳出来一个男人，被这个男人制服后，他眼睁睁地看着艾伦被男人强奸并杀害。后来他趁机逃脱了男人的控制，一路跑到警察局报案，他在描述完自己刚刚经历的一切后，还告诉了警方凶手的长相。在该男子的带领下，警察来到了公园，结果只找到了艾伦的尸体。

警方从公园的工作人员那里得到了一条线索，在艾伦被杀害的那天，公园里出现了一辆可疑的红色汽车，汽车的颜色很鲜艳，十分引人注目。那辆红色汽车一直停留在公园里，直到艾伦被杀害后才被开走。

警方虽然知道了凶手的长相，还知道他有一辆红色的汽车，但想要靠这两条线索抓住凶手，对警方来说还是不太现实。警方只能寄希望于凶手在再次作案的时候留下更多的线索。

1981 年 5 月 1 日，警方接到报案，一个名叫希瑟·斯卡格斯的 20 岁女子失踪了。警方从希瑟的家人那里了解到，希瑟是在去一个名叫大卫·卡彭特的男人家的路上失踪的。警方立刻去了卡彭特家里查看情况。

当警方看到卡彭特的样子后，惊奇地发现他与杀死艾伦的凶手长得十分相似，而且他家的后院里还停着一辆红色的汽车。于是他就成了重要嫌疑对象，警方专门派了一队警察监视着卡彭特的一举一动。

虽然卡彭特告诉警方，他也不知道希瑟去了哪里，但警方认定希瑟一定被卡彭特杀死了。警方的猜测没有错，有人在公园里发现了希瑟的尸体，这意味着卡彭特极有可能就是警方寻找已久的小径杀手，于是警方逮捕了卡彭特。

卡彭特被捕后不久，就有个人来到警察局报案，说卡彭特曾卖给过他一把手枪。警方将此人上缴的手枪送去进行弹道测试，测试结果显示这把手枪就是杀死希瑟的凶器。此外，卡彭特的一个朋友向警方承认，曾卖过一把手枪给卡彭特，只是这把手枪已经被卡彭特扔了，无法进行弹道测试。

在证据面前，卡彭特很快就交代了所有的罪行。最终卡彭特因杀人罪被判处死刑，之后他一直在死囚牢房里等待死刑的执行。

1930 年 5 月 6 日，卡彭特出生于旧金山。与许多连环杀手一样，卡彭特的父母很糟糕，他的父亲是个酒鬼，还有暴力的倾向，卡彭特小时候没少挨打；他的母亲则是一个喋喋不休的女人，总是抱怨生活的不如意，而且在管教卡彭特时十分严格。卡彭特从小就有尿床的毛病，经常因此而遭受惩罚。

卡彭特也没有什么朋友，他有十分严重的口吃，经常遭受同伴们的羞辱和嘲笑。

卡彭特很小的时候就表现出了严重的暴力倾向，他总是以虐待小动物为乐，死在他手上的流浪狗、流浪猫有上百只，他总会将小动物的尸体藏在自家的地下室里，地下室里总是散发着尸体腐烂的臭味。

进入青春期后，卡彭特开始表现出极其强烈的性欲，总会骚扰学校里的女学生和女老师，只要一看到女人，他就会产生强烈的想要强奸对方的冲动。学校里的女学生和女老师看到卡彭特都会绕着走，尤其不敢在偏僻的地方出现，不然遇到卡彭特，就会有被强奸的危险。

17 岁时，卡彭特再也控制不住自己强烈的性欲，他因猥亵两个表姐而被逮捕，并被判了 4 个月的监禁。

1955 年，卡彭特结婚了，妻子给他生下了一个孩子。此时的卡彭特由受害者变成了施暴者，他像自己的父亲一样，对待孩子的态度十分糟糕，还会经常殴打孩子。后来，卡彭特的暴力倾向变得越来越严重，他开始殴打妻子，妻子难以忍受家暴，就在 1959 年与卡彭特离婚了。

1960 年，卡彭特在用锤子和尖刀袭击一个女人的时候，正好被一个路过的警察看到，于是他又被逮捕了。这一次，卡彭特被判了 14 年。不过卡彭特并未服满刑期，就被保释出狱了。

1970 年，卡彭特已经被保释出狱 3 年了，他绑走了一名女子。与普通绑架者不同，卡彭特根本不想索要赎金，只是想让该女子变成他的专属性奴。该女子失踪后，她的家人就报了警，警方一直在搜寻她的下落，但却没有找到她。后来还是女子趁着卡彭特外出的时候跑了出来，被好心人救下。卡彭特因此被判了 10 年。1977 年，卡彭特再次被保释出狱。

出狱后的卡彭特与以前一样，有着十分强烈的性欲和暴力倾向，两年后卡彭特开始杀人，他杀死的第一个女人安妮·凯丽·梅基凡正是他的好朋友。在之后的两年内，卡彭特用处决的方式杀死了许多人，他的杀人手法十分冷血无情，一度让警方怀疑他就是臭名昭著的"黄道十二宫杀手"。

【敌意归因偏差】

卡彭特的童年可以说过得相当糟糕和压抑，在家里他没有得到应有的关爱，父亲还总是对他拳脚相加，在外面他也没有朋友，总会因口吃被同龄人奚落和排挤。渐渐地，卡彭特变成了一个有着高度攻击性和严重暴力倾向的人，这让他具有敌意归因偏差。

敌意归因偏差是一种认知缺陷。在人与人的相处中，一个人会接收到对方所传达出的信号，从而决定着他会采取何种态度做出反应。当一个人接收到了对方友好的信号时，他也会报以友好的态度。当一个人感觉到敌意或威胁性的信号时，他就会变得极富攻击性，随时准备以暴力的方式回应。每个人都会在社会化的过程中学着如何正确解读对方所传达出来的信号。但如果一个人在成长过程中没有经历正常的社会化，例如被父母虐待、被同伴排挤，那么他的解读方式就是歪曲的。

每个人对敌意的归因是不同的，例如一个人说了一句话，有的人会觉得那只是开玩笑，有的人却会觉得他在针对自己，在羞辱自己。像卡彭特这样具有敌意归因偏差的人，总会戴着有色眼镜看待周遭的人和事，因为他从小就是被父亲暴力对待的，因此他会觉得周围的人都是有恶意的。

研究显示，敌意归因偏差会在学前阶段形成，形成以后会比较稳定，从而持续到成年时期。由此可见，家庭成长环境是多么重要。

但卡彭特的家庭环境却相当糟糕，最关键的是，卡彭特还总是被同龄人所排斥。研究显示，同伴的拒绝和排斥会使一个人的敌意归因偏差更加稳定，也就是说一个被同伴拒绝的人会变得更具攻击性，当他进入青春期后会出现许多具有暴力倾向的行为，甚至会出现违法犯罪行为。当一个人具有敌意归因偏差时，他就会对具有敌意的信息更加敏感，更容易觉得对方是怀有恶意的，从而会变得更加多疑，更容易对他人进行身体攻击。

Criminal Psychology

在监狱里密谋犯罪——

彼泰克与诺里斯

1979 年 11 月 1 日，居住在洛杉矶郊区的一名晨跑者像往常一样跑步，他在经过一栋房子前的草坪时，似乎看到有个人躺在草坪上。他走近一看，整个人立刻被吓呆了：那是一具被折磨得不成人形的尸体，看起来十分恐怖。晨跑者立刻报了警。死者是 16 岁的雪莉·莱内特，她是被勒死的，而且生前遭受了非人的折磨，这起性质十分恶劣的案件登上了各大报刊的头版头条。

不久之后，一个名叫乔·杰克逊的男人来到了警察局，他告诉警方，当从报纸上看到雪莉被害的新闻后，立刻想起了一个人，他怀疑此人就是杀死雪莉的凶手，这个人名叫罗伊·诺里斯。他是在坐牢时认识诺里斯的，两人的关系很熟络，诺里斯曾向自己吐露过杀死雪莉的过程，诺里斯还提到了一个同伙。诺里斯说他十分担心那名疯狂的同伙会朝自己，或自己的女儿下手，因为同伙似乎已经失控了。杰克逊还提到了一辆被改装过的小型货车，诺里斯说他与同伙经常开着这辆小型货车去街上绑架女人。

杰克逊所提到的小型货车立刻让警方联想起了一个月前接到的 3 起绑架案。第一起绑架案发生在 9 月 27 日，一名女子在被两名陌生男子强行带进一辆货车时，趁他们不备设法逃了出来。9 月 30 日这一天，一共发生了两起绑架案。其中一起绑架案的被害人是扬·马琳，她成功从货车上逃了出去。另一起绑架案的被害人是罗宾·罗伯克，她被两名男子绑架并强奸，后来成功逃脱。

后来警方找到了罗宾，希望她能辨认出两名绑架者。与此同时，警方开始全天候地监视诺里斯。几天后，警方发现诺里斯携带大麻，这是违反假释条例的行为，于是警方立刻逮捕了诺里斯。

来到警察局没几天，诺里斯开始意识到自己的罪行不仅携带毒品那么简单，他怀疑警方已经发现了自己更严重的罪行，于是他同意了警方的认罪求情协议，以污点证人的身份交代了所有罪行。

1975 年，诺里斯因强奸罪被判入狱，他被送到加利福尼亚州的一所监狱里服刑，在这里他认识了 38 岁的劳伦斯·彼泰克。两人很快就成了无话不谈的好朋友，天天腻在一起，似乎总有谈不完的话题。实际上，两人有着相同的犯罪欲望，他们常常在一起畅想出狱后如何犯罪。

1978 年 10 月 15 日，彼泰克出狱了，他去了洛杉矶，并找到了一份机械师的工作。1979 年 1 月 15 日，诺里斯出狱了，他回到了家乡和母亲居住在一起，找到了一份电工的工作。不久之后，诺里斯就收到了彼泰克寄来的信。信中彼泰克邀请诺里斯去洛杉矶，然后一起实现他们在监狱里所畅想的一切。

两人先合伙购买了一辆小型货车，车内装着滑动门，可以方便他们从街上绑架女人。他们还把这辆小货车改装了一番，在内部安装了一张床、一个冷却器和一些家用工具，他们还给小货车起了一个名字，叫"谋杀麦克"。

之后，两人就驾驶着这辆小货车上路了，他们在公路上游荡着，寻找合适的犯罪场所。最后他们在圣加布里埃尔山发现了一条废弃的消防通道，这里已经荒废了很长时间，不会引起人们的注意，是个非常合适的犯罪场地。于是他们撬开了通道的大门，换上了准备好的锁，将此地当成了自己的私人领地。

彼泰克和诺里斯并未马上实施犯罪，他们开始了犯罪练习，练习着如何让一名女子放下防备，主动上他们的车，他们假装成为女性提供免费搭载的好心人。在成功搭载了20多个女子后，他们觉得时机已经成熟了，开始打算绑架年轻女子。

1979年6月24日，当彼泰克和诺里斯像往常一样开着货车到海滩上和女孩们喝酒、抽大麻时，他们注意到了一个女孩，决定立刻朝她下手。

被盯上的女孩是16岁的辛迪·谢弗，刚刚参加了一个教会会议，准备步行去祖母家。彼泰克和诺里斯假装开车路过此地，他们将车停下来邀请辛迪上车，表示可以免费搭载她一程。辛迪的警惕性很高，她拒绝了这两个陌生男子的"好意"。于是，彼泰克和诺里斯立刻将车停在人行道旁，等辛迪走近的时候，突然打开车门，强行将辛迪拉上了车。辛迪立刻尖叫起来，但车上嘈杂的收音机声音盖过了辛迪的呼救声。

小货车载着辛迪来到了山谷中废弃的消防通道里。在这里，辛迪遭受了两人的强奸和折磨。事后，诺里斯提出将辛迪放走，却遭到了彼泰克的反对，他认为如果放走辛迪，辛迪一定会报警，到时候两人又得进监狱。于是两人决定将辛迪杀死。据诺里斯的供述，他当时掐住了辛迪的脖子想将她掐死，但看到辛迪的眼神后就再也下不去手了，他有了一种恶心的、想吐的感觉。杀死辛迪的人是彼泰克，他用钢丝勒住辛迪的脖子，直到辛迪窒息而死。最后他们二人将辛迪的尸体包裹在浴帘中，扔到了圣加布里埃尔山峡谷。

　　这次杀人成功后，二人很快再次作案。7月8日，当他们开着小货车在高速公路上寻找目标的时候，发现一名女子在路边伸出了大拇指，这是要搭便车的手势。这名女子是18岁的安德里亚·霍尔，很喜欢徒步旅行，她当时想要搭乘便车到雷东多海滩。

　　就在彼泰克和诺里斯准备靠近安德里亚时，一辆车停了下来，安德里亚上了那辆车。看到猎物突然被人抢走了，两人很不甘心，于是就开车跟在那辆车后面。一会儿，那辆车停了下来，安德里亚从车上下来了。这时，彼泰克和诺里斯立刻将车靠近安德里亚，热情地邀请安德里亚上车。

　　等安德里亚一上车，彼泰克就问她想不想喝饮料，说他车里的冷却器里有饮料。就在这时，诺里斯突然拿出准备好的绳子，打算将安德里亚绑起来。但诺里斯并未得逞，安德里亚躲过了他的攻击，两人很快扭打在一起。最终诺里斯制服了安德里亚，并将她绑了起来。

　　当两人将安德里亚带到废弃的消防通道后，就开始强奸她，还拍摄了许多色情的照片。在杀死安德里亚前，彼泰克对她说："你说个我不杀你的理由。"其实不论安德里亚说什么，她的下场都一样。最后彼泰克将一个锥子插进了安德里亚的右耳里，企图将安德里亚杀死，当他发现安德里亚还活着时，就将锥子拔了出来，用手掐死了安德里亚。

　　1979年9月3日，彼泰克和诺里斯在赫莫萨海滩附近的一个公共汽车站里看到了两个正在等车的少女，她们分别是15岁的杰基·吉利母和13岁的莉亚·兰布尔。二人伪装成慈爱的叔叔，将两个女孩骗到了车上。她们本以为只是搭个便车，结果却落入了死亡的陷阱中。

　　当杰基和莉亚发现行驶方向不对时，就起了疑心，这两个中年男人也无意再继续伪装下去，直接拿出放在塑料袋里的铅锤将莉亚击昏，就在他们准备将杰基也给击昏时，莉亚突然醒了过来，她打开车门跑了出去。

彼泰克立刻将车停下来，开始追捕莉亚。附近刚好有个球场，当时有一群人正在观看比赛。彼泰克抓住莉亚后对那些人解释说，莉亚刚刚吸了毒，然后带走了莉亚。观看比赛的人也没意识到不对，没有一个人报警。

彼泰克将莉亚捆好后就将车开到了废弃的消防通道，然后和诺里斯开始强奸和折磨杰基，对于莉亚，他们似乎没什么兴趣。当二人发现杰基是处女时，更加兴奋，还专门将强奸和折磨杰基的过程都拍摄下来。在之后的两天内，二人一直在强奸和折磨杰基，而毫无反抗的杰基让他们很满意。

当二人对杰基失去兴趣后，就开始讨论如何处理杰基和莉亚。最后彼泰克用杀死安德里亚的方式将杰基杀死，之后和诺里斯一起将莉亚击晕，然后勒死了她。两名被害人的尸体与之前的被害人一样都被他们扔到了荒郊野外。

1979 年 10 月 31 日，二人从洛杉矶郊区的一个加油站内绑走了 16 岁的雪莉，这是最后一名被害人，也是遭受折磨最严重的一名被害人。雪莉认识彼泰克，他经常去她上班的餐馆里吃饭。于是当彼泰克将车停在她面前时，雪莉丝毫没有犹豫，就上了车。

后来彼泰克将车开到了一个偏僻的地方，让诺里斯将雪莉捆绑起来，并堵住了她的嘴巴。之后两人就在车里开始强奸和虐待雪莉，还将整个过程都拍摄下来，这段录像也成了指控二人的证据。

最先折磨雪莉的是彼泰克，他让诺里斯来开车，然后开始强奸和折磨雪莉。其间雪莉一直在痛苦地尖叫，彼泰克反而变得更加兴奋起来。

之后彼泰克接替诺里斯开车，诺里斯开始折磨雪莉。此时的雪莉已经被彼泰克折磨得奄奄一息，她只求能赶紧死亡来结束她的痛苦。但诺里斯对雪莉的反应很不满，他希望听到雪莉的尖叫声，于是就用锤子狠狠地砸向雪莉的胳膊。最终诺里斯用铁丝衣架勒死了雪莉。这一次二人并未将尸体扔到荒郊野岭，而是扔到了一户人家的草坪上，因为他们很想看看这家人看到这具尸体后会有什么反应，同时他们也想引起媒体的注意。

诺里斯交代完上述所犯的罪行后，就开始协助警方寻找除雪莉外其他被害人的尸体，他还答应警方会出庭指控彼泰克。最后诺里斯还说，这一系列案件的主使者是彼泰克，而他只不过是从犯。

在诺里斯的带领下，警方只找到了莉亚和杰基的尸体，而杰基的头骨上被刺入的锥子还在上面插着，至于其他被害人的尸体一直没有找到。

警方在逮捕彼泰克的时候，在他的住所里搜到了大量的证据，有许多女孩的照片，还有雪莉被强奸和折磨的录像带。这卷录像带被作为重要证据之一在法庭上向陪审团播放。当陪审团看到雪莉所遭受的非人折磨后，一致认定彼泰克和诺里斯有罪。

1981 年 2 月 17 日，彼泰克被判处死刑，之后被送到圣昆廷州立监狱等待执刑。诺里斯被判处了 199 年的刑期，不过考虑到诺里斯是污点证人，不仅主动认罪，还配合警方的调查工作，于是法官决定减免诺里斯的刑罚，判处他45 年监禁，在 2019 年可以申请假释。

彼泰克出生于 1940 年 9 月 27 日，出生后不久就被父母遗弃，后来幸运地被乔治夫妇收养。彼泰克的养父乔治在一家航空公司工作，由于工作原因，一家人经常搬家，彼泰克就只能跟着养父母在宾夕法尼亚州、佛罗里达州和俄亥俄州之间辗转，最终在加利福尼亚州定居。彼泰克的养父母每天都忙着工作，根本没时间陪他。

彼泰克十分聪明，智商高达 138，但对学习毫无兴趣，学习成绩也很糟糕。彼泰克总喜欢和坏孩子一起偷窃、敲诈、猥亵女同学，经常被警察叫去批评教育。

1957 年，彼泰克离开了学校，他很快就因偷车和袭击车主人被警方逮捕。警方抓捕彼泰克的过程十分费力，最后只能朝着拒捕的彼泰克开了两枪。之后，彼泰克就被送到了少管所，直到 19 岁才获得自由。

很快彼泰克又因偷窃被捕，他已经成年，因此就被送到了俄克拉何马联邦监狱。彼泰克是监狱里最难以管束的犯人，他经常和狱友发生冲突。有一次彼泰克在与狱友打架的时候被打晕了，狱警只能立刻将他送到医院接受治疗。在医院待了半年后，彼泰克再次获得了自由。

1960 年 12 月，彼泰克又因偷车被警方逮捕。这次入狱前，彼泰克接受了心理测试。测试结果显示，彼泰克有很严重的妄想症，而且自控力极差，是典型的危险分子。尽管如此，彼泰克还是在 3 年后获得了假释。

两个月后，彼泰克因抢劫罪再次入狱，这次他同样接受了心理测试，测试的结果与之前一样。不过监狱方并未采纳医生的建议，只将彼泰克关了 3 年。

1967 年 7 月，彼泰克又因偷窃罪被捕，这次他被判了 5 年。此时的彼泰克已经完全适应了监狱的生活，他知道如何扮演一个模范犯人，并因为表现良好而获得了假释的机会。出狱后不久，彼泰克又因盗窃罪被捕，服刑满 3 年后被释放。

1974 年，刚刚获得自由不久的彼泰克去了一家超市偷窃。当超市的员工发现彼泰克的偷窃行为后就将他拦了下来，让彼泰克配合他去一趟保安室。彼泰克觉得自己被冤枉了，直接拿出刀子刺向员工。幸运的是，那名员工经抢救后活了下来。这一次彼泰克因杀人未遂被判入狱，并被送到加利福尼亚男子监狱服刑，在这里他认识了诺里斯。

诺里斯的母亲是个瘾君子，他从小就经常在各个亲戚家辗转。由于从小没有得到过关爱，诺里斯的性格十分孤僻和内向，几乎没什么朋友。17 岁，诺里斯离开了学校，到海军服役。

诺里斯起初只是在圣地亚哥市接受军事训练，后来他被派到越南做后勤工作。4 个月后，诺里斯从越南回来了。从那以后，诺里斯就像变了一个人一样，他脾气火爆，经常和人打架。1969 年 11 月，诺里斯因强奸未遂被捕，在交了保释金后被释放。但不久后诺里斯又受到了强奸指控，他也因此被海军开除了军籍。

1970 年 5 月，有人在圣地亚哥大学的一处草坪上看到了一个满头是血的女学生，立刻将她送到了医院。女学生经过抢救后活了下来，她告诉警方自己正在草坪上看书的时候，突然被一个陌生男子抓住了头发，然后男子用一块石头不停地砸向她的头部，直到她昏了过去。袭击这名女学生的男子就是诺里斯，他因为持械伤人被判刑，之后他就被送到精神病院接受治疗。

在精神病院待了 5 年后，医生认为诺里斯已经不再是危险分子了，就批准他出院了。但仅仅自由了 3 个月，诺里斯就因强奸一名 27 岁的女性被逮捕，之后他被送到加利福尼亚州男子监狱，在这里他认识了彼泰克。

【犯罪的温床】

在许多人看来，监狱的主要功能就是为了让罪犯改过自新，但事际上，对于许多罪犯来说，监狱就是犯罪的温床，他们能从监狱里学习到更多的犯罪技能。有不少像彼泰克和诺里斯这样的惯犯，在入狱之前所犯的罪行以盗窃、强奸为主，但出狱后他会犯下更为严重的罪行，例如杀人。

　　在监狱里，罪犯所接触到的人除了狱警之外，主要就是狱友，这些人与他一样具有犯罪欲望，他能从与狱友们的相处中感觉自己得到了支持。例如诺里斯，他在因强奸罪入狱前，一直都是周围人眼中的异类，他没有朋友，甚至还被强制送到精神病院接受治疗。但当他进了监狱，遇到了和自己有相同犯罪欲望的彼泰克，他立刻感觉自己的反社会思维和行为模式得到了支持，于是他与彼泰克成了无话不谈的好朋友。

　　狱警们从来不会关心犯人们聚集在一起会讨论什么样的话题，他们所关心的只是这些犯人能老老实实地服刑，不要寻衅滋事就行。犯人们聚集在一起所讨论的话题不外乎犯罪、性、毒品之类的，这些都是犯人们所感兴趣的问题。当然如果一个犯人真心悔过，他完全可以忽视这些话题。但如果一个犯人所后悔的仅仅是自己被警方抓住了，那么他势必会对犯罪之类的话题十分感兴趣，并从与狱友们的交流中找到和自己臭味相投的"朋友"或者犯罪同伙。

　　监狱对于所有的罪犯来说，就是一所学校，既可以在这里学习改过自新，例如考取文凭或者学习某项未来到社会上生存的技能，当然也可以学习犯罪。当诺里斯和彼泰克相遇之后，他们终于遇到了和自己有相同犯罪欲望的人，于是两人开始交流和学习，并利用大把的空闲时间策划犯罪活动。

　　在二人出狱之后，他们开始实施犯罪计划。他们先找到了一个适合犯罪的荒废之地，这里不会引人注意。他们在处理尸体时也采取了完美的方式，如果不是诺里斯被捕后主动带着警方寻找尸体，那么或许警方永远无法将这一系列女性失踪案联系起来。

　　对于彼泰克和诺里斯来说，监狱之所以会成为犯罪的温床，是因为他们本身就具有犯罪的思维模式，他们通过折磨、强奸被害人获得刺激和兴奋，被害人越害怕、越恐惧，他们就会越兴奋，并以此为乐。他们的主要目的并不是杀人，而是在强奸和折磨中体验快感和刺激。当彼泰克被捕之后，在他接受审讯的时候警察问彼泰克为什么要这么做，彼泰克则轻松地给出了一个让人难以接受的答案："因为好玩。"显然像彼泰克这样的人，他的犯罪思维模式是正常人所无法理解和接受的。

在审讯结束的几年后，一名负责此案调查的警察因为一直无法走出阴影而选择了自杀，在他留下的遗书中，他提到自己这些年一直在做着和该案件相关的噩梦。对于正常人来说的噩梦，对于彼泰克而言却是乐子。

Criminal Psychology

一头披着人皮的疯狂野兽——

安德烈·奇卡提罗

1982 年 6 月 27 日，有人在顿斯科伊市车站后面的树林里发现了一具女尸。死者是 6 月 12 日失踪的 13 岁女孩柳波芙·比尤克。据她的家人反映，比尤克失踪当天正前往顿斯科伊城去买香烟、面包还有糖，之后一直没有回来。比尤克的尸体惨不忍睹，身上一共有 22 处刀伤，双眼、外生殖器都受到严重损伤。

当地警方立刻将此案上报给苏维埃社会主义共和国联盟罗斯托夫州警察局，于是费季索夫少校来到顿斯科伊市调查此案。

9 月 20 日，罗斯托夫州的周边城市树林里又发现了一具女尸，死者与比尤克一样，身上有多处刀伤。10 月 27 日，树林里再次出现一具遭受类似侵害的女尸。后来，这 3 起凶杀案合并在一起进行调查，费季索夫少校从罗斯托夫州警察局抽调了 10 名警察组成破案小组，专门调查这 3 起凶杀案，其中维克托·鲍洛科夫中尉是主要负责人。

警方为了尽快破案，在审讯嫌疑人时采取了十分暴力的方式，有的嫌疑人因无法忍受殴打而上吊自杀。

在之后的 1983 年和 1984 年，罗斯托夫州的周边城市树林里开始频繁出现惨不忍睹的尸体，被害人以年轻女性居多，也有 5 名少年。凶手的作案手段也越来越残忍，他似乎很喜欢折磨被害人。虽然凶手似乎很喜欢诱骗街头流浪者和妓女，但在发现的尸体中也有来自中产精英家庭的被害人。由于案发地一般都在偏僻的狭长树林里，警方就将这一系列案件称为"窄林"案件。

当时警方以为凶手应该是社会边缘人士，因此将调查重点放在了无业游民、吸毒者、留有案底的人身上。后来警方甚至还锁定了一个团伙，并将该团伙的所有成员抓到警察局进行审问。但在此期间，"窄林"案件一直在不断地发生。

就在费季索夫和鲍洛科夫思考新的调查方向时，有新消息传来，又发现了一具年轻男子的尸体，他们开始认为凶手是同性恋，于是在同性恋社区展开大力度的调查工作。警方一共调查了 440 名同性恋者，其中有 105 名同性恋者被以各种罪名起诉，有的还因莫须有的强奸罪被关进了监狱。

在之后的 3 年内，凶手虽然依旧在作案，但作案的频率明显下降了，警方只发现了 4 具和"窄林"案相关的尸体。其中一具尸体在莫斯科多莫杰多沃机场附近的树林里被发现，距离罗斯托夫州有 1000 多公里，警方开始怀疑凶手是个经常出差的人，于是就调查了从罗斯托夫到莫斯科的航班记录，结果一无所获。

后来警方又怀疑凶手可能是个汽车司机，就在罗斯托夫州大范围地搜集司机的血型。警方将案发现场所发现的凶手的精液送到法医那里进行检验分析，当时 DNA 技术还未被应用到刑事侦查中，法医只能分析出凶手的血型，不过由于工作失误，法医给的血型结果是错误的。因此警方在大范围地利用血型追捕凶手时，虽然抓住了真凶，但因血型不同又将其放走了。

1988 年，警方发现了 2 具"窄林"案尸体；1989 年，警方发现了 4 具"窄林"案尸体；1990 年上半年，警方发现了 5 具"窄林"案尸体，其中一具尸体在乌克兰东部的一个城市树林中被发现，这再一次验证了凶手经常出差。

费季索夫和鲍洛科夫在研究这一系列"窄林"案的时候，发现了一条重要的线索，凶杀案大多在城际电气铁路附近发生，于是他们立刻派出大量警力对城际电气铁路沿线车站进行布控。

1990年11月，苏联在红场进行最后一次阅兵后不久，"窄林"凶手被抓捕，他就是安德烈·奇卡提罗。奇卡提罗与大多数人想象中的样子不同，他看起来十分斯文，戴着一副眼镜，典型的知识分子打扮。奇卡提罗在最后一次作案后，脸上的血迹并未清理干净，这引起了一名警察的怀疑。不过那名警察无法确定奇卡提罗脸上的脏污就是血迹，于是在问了奇卡提罗几个问题后，就将他放走了。当警察得知新的"窄林"案尸体被发现后，立刻想起了奇卡提罗，于是迅速地将其逮捕，从奇卡提罗随身携带的手提包里找到了一把刀。

被捕后，奇卡提罗供认自己杀死了56个人，他的第一次作案是在1978年。之前警方一直以为1982年被害的比尤克是奇卡提罗所犯的第一案，奇卡提罗的犯罪记录也是杀害了42人。

1978年12月22日，奇卡提罗将9岁的叶雷娜·扎科特诺娃哄骗到自己之前购买的旧房屋内，他企图强奸叶雷娜，不过让他既尴尬又愤怒的是，他居然无法勃起。之后叶雷娜的挣扎激怒了奇卡提罗，他朝着叶雷娜的腹部捅了3刀，然后将叶雷娜丢到了河里。尸检结果显示，叶雷娜死于溺水和失血性衰竭，也就是说奇卡提罗在将叶雷娜丢到河里时，叶雷娜还没有死。

在随后的调查中，一个目击证人斯维塔娜·格伦科娃告诉警方，她曾看到叶雷娜和一名又高又瘦、穿着黑色外套、戴眼镜的中年男子在公交站说话。很快，犯罪嫌疑人的画像就出来了。警察看到画像时想到了奇卡提罗，就去找奇卡提罗，当时警察还发现他的门口有血迹。

不过奇卡提罗并未被抓捕，因为"真凶"被抓住了，他是个25岁的男子，名叫亚历山大·克拉夫琴科，曾在警察局留下过案底。不过案发时，亚历山大和妻子、朋友待在家里，但在警方的胁迫下，亚历山大的妻子和朋友做了伪证，他因此被判了 15 年监禁，这在当时是最长的监禁时间。后来在叶雷娜家属的压力下，亚历山大在 1983 年 7 月被判处死刑。

这次的意外杀人让奇卡提罗体会到了性冲动和高潮，他开始意识到自己能通过杀人获得性快感。1981 年 3 月，奇卡提罗在罗斯托夫当地的一家工厂找到了一份采购员的工作，这份工作可以方便他在俄罗斯各地流窜作案。同时这也验证了警方之前的猜测是正确的，凶手是个经常出差的人。

在成为采购员之前，奇卡提罗在学校里工作，后因多次骚扰学生而被投诉。校方为了声誉不受影响，就将奇卡提罗开除，并将此事压了下来。

据奇卡提罗的供述，他的第二次作案发生在 1981 年 9 月，被害人是 17 岁的女孩拉瑞萨·卡臣科，在一所寄宿学校上学。拉瑞萨是个放荡的女孩，很喜欢用身体交换美酒，奇卡提罗因此轻易地将拉瑞萨骗到一处偏僻的树林中。

当时奇卡提罗的目的是想强奸拉瑞萨，当他发现自己无法勃起后，变得暴怒起来，他开始殴打拉瑞萨，并用力掐住了拉瑞萨的脖子。拉瑞萨死后，他开始奸尸。奇卡提罗不仅没有因杀人产生恐惧和内疚，反而很快乐，这时他才意识到自己彻底爱上了杀人带给他的快感和兴奋。

奇卡提罗当时没打算杀死拉瑞萨，他也就没携带刀子，后来只能用牙齿和树枝将拉瑞萨的尸体进行肢解。奇卡提罗坦言说，他很喜欢用牙齿撕咬尸体的乳头和生殖器，在之后的作案中，他就多次撕咬被害人的乳头和生殖器，这会让他产生快感。

1982 年 6 月 12 日，奇卡提罗在购物回家的路上意外遇到了 13 岁的比尤克，他主动与比尤克搭讪，当注意到周遭都是灌木丛且没有目击者时，奇卡提罗突然将比尤克扑倒在地，并将比尤克拖到了附近的树林中，他一边撕扯比尤克的裙子，一边不停地用刀刺向比尤克的身体。这是奇卡提罗第三次杀人，之后他决定不再压抑自己，开始放肆地杀人。

奇卡提罗通常会在汽车站或火车站附近寻找猎物，一般找流浪的年轻女子下手，有时也会找妓女，因为只要他出钱，妓女一般都会跟着他走。奇卡提罗会将被害人诱骗到附近的树林或偏僻的地方，然后掏出准备好的刀子将被害人刺死或砍死，有时候他也会殴打或掐死被害人，不过所有的被害人身体都有刀伤。奇卡提罗在杀人完毕后，会把被害人的眼珠给挖出来，因为他觉得被害人的眼睛会保留下自己的信息，也可能在奇卡提罗的潜意识里，他畏惧被害人那死不瞑目的眼神。在处理尸体时，奇卡提罗通常还会将尸体肢解。

最终，罗斯托夫州检察院以 53 项谋杀罪起诉奇卡提罗。在被送往法庭接受审判时，奇卡提罗表现出了许多怪异的行为，警察只能采取强制手段将他带到法庭上。在开庭时，奇卡提罗被关进了铁笼子里，既防止被害人家属在法庭上报复奇卡提罗，也可以防止奇卡提罗做出更多出格的行为。不过被关在铁笼里的奇卡提罗还是做出了许多奇怪的事情，例如大嚷大叫、裸露下身等。

当地法院最终认定奇卡提罗的 52 项谋杀罪、5 项猥亵罪罪名成立，奇卡

提罗被判处死刑。1994 年 2 月 15 日，奇卡提罗被处死，临死前他留下了一句话："我是自然界的一个错误，一头疯狂的野兽。"

1936 年 10 月 1 日，奇卡提罗出生在乌克兰苏梅州的亚布洛奇耶村，当时的乌克兰还是苏维埃社会主义共和国联盟的一部分。在斯大林推行的集体化政策下，苏联爆发了大范围的饥荒，尽管奇卡提罗的家乡有着"苏联粮仓"之称，也被大饥荒席卷了。面对大饥荒，斯大林选择了掩耳盗铃的不相信的态度，这使得饥荒变得更加严重。

据奇卡提罗回忆，他从小就饱受饥饿的折磨，在 12 岁之前从未吃过面包，只能以草根和树叶为食。从小奇卡提罗就被母亲教导，一定要小心邻居，因为奇卡提罗的哥哥斯特凡在他出世前就被邻居掳走给吃掉了。至于斯特凡到底是否真的被邻居吃掉，至今也没得到证实，唯一可以确定的是斯特凡在 1931 年就失踪了。母亲的这种教导给奇卡提罗带来了十分深刻的影响，让他产生了同类可以相食的错误认识。

据奇卡提罗的妹妹反映，奇卡提罗与母亲之间的关系十分紧张。她表示，父亲是个很和善的人，母亲在对待孩子的时候则十分严厉、苛刻。

奇卡提罗 5 岁时，德军入侵苏联，他的父亲应征入伍。在之后的连天战火中，奇卡提罗与许多普通人一样躲在地下和沟渠中，避免被敌军发现。后来奇卡提罗一家所居住的房子被德军放火烧掉了，他只能与母亲挤在一张床上，那个时候他经常因尿床的问题遭到母亲的毒打。

据奇卡提罗回忆，母亲曾在战争中被德军强奸，而他目睹了这一切。不过对此，奇卡提罗本人也不是十分确定。但奇卡提罗的妹妹却是在 1943 年出生的，那个时候奇卡提罗的父亲正在军中服役。

后来奇卡提罗的父亲被德军抓住并关在了集中营里。集中营里环境十分糟糕，大多数人都死在了这里，但奇卡提罗的父亲却凭借顽强的意志力活了下来。战争结束后，奇卡提罗的父亲回家了，还背上了叛徒的罪名。

在当时的苏联，有一种非常荒谬的观念，只要苏联军人被敌人抓住，就只能选择牺牲，这样他就会成为光荣的民族英雄。如果他活下来了，那么就是叛徒。

有一个叛徒的父亲，奇卡提罗尽管学习成绩优异，还是被剥夺了上大学的权利。后来奇卡提罗在库尔斯克市的一所职业技术学校里学习如何成为一名通信工程师。在学习期间，奇卡提罗与一名女同学发展成了恋人关系。从青春期开始，奇卡提罗就注意到自己有性功能障碍的问题，因此当他试图与女朋友发生性关系的时候，发现自己的性功能障碍更严重了，两人因此分手。

从学校毕业后，奇卡提罗进入军队服役，并在此期间加入了共产党。后来奇卡提罗又交了一个女朋友，当女朋友知道奇卡提罗有性功能障碍后，到处宣扬，这让奇卡提罗倍感羞辱，很快就与她分手了。被捕后的奇卡提罗提到自身的性功能障碍时表示，他常常因此感到莫名的愤怒，因为自己无法控制它。

之后，奇卡提罗离开乌克兰，到罗斯托夫的一个小镇上当通信工程师。在小镇上，奇卡提罗与一个名叫费奥多西亚的女人相恋并结婚了。虽然奇卡提罗十分迷恋费奥多西亚，但依旧被性功能障碍的问题所困扰，不过奇卡提罗的妻子似乎并不在意这个问题。1969年，费奥多西亚给奇卡提罗生下了一个孩子，此时奇卡提罗33岁。

奇卡提罗的学习能力很强，在1970年，奇卡提罗拿到了罗斯托夫大学的俄罗斯文学学位。随后，奇卡提罗开始在学校任职，成为一名老师。

1973 年，奇卡提罗犯下了猥亵罪，被害人是一名 15 岁的女孩。不过奇卡提罗并未受到惩罚，这让他变得更加大胆，他开始频繁地偷偷潜入女生宿舍，偷看女生们的裸体。后来奇卡提罗猥亵学生的行为被校方发现，当时学校采取了隐瞒的处理方式，只是将奇卡提罗开除了。

但很快，奇卡提罗又在另一所学校找到了一份工作，继续利用职务之便猥亵学生。后来奇卡提罗强迫一名男学生为他口交，被害人将此事告诉了自己的父母。学生家长自然无法容忍自己的孩子被老师猥亵，就告到了学校，还暴打了奇卡提罗一顿。不过奇卡提罗并未因此受到法律的制裁，不论是校方还是学生家长都选择了隐瞒，毕竟此事曝光后会影响到各自的颜面。

最终奇卡提罗找到了一份采购员的工作，一直做到自己被捕。虽然奇卡提罗猥亵过少男，也杀害过少男，但他并不是同性恋，他只是在发泄自己的性欲。

自从奇卡提罗被捕后，他就成了俄罗斯邪恶的象征，他不仅杀死了许多无辜者，而且作案手段十分残忍，还是个食人魔，就如同他对自己的形容一样，他就是一头野兽，只是披着人皮而已。不过在奇卡提罗被捕之前，周围人都觉得他是个性格特别好的人，是一位受人尊重的老师，有着幸福美满的家庭。如同奇卡提罗的女儿对父亲的形容："他看起来是个文明人。"

【营养不良与反社会型人格】

在奇卡提罗出生之前，乌克兰人就饱受饥荒的折磨。奇卡提罗还待在母亲的子宫里时，就开始忍受饥饿，毕竟当时所有的人都在挨饿，包括孕妇在内。他出生后，乌克兰的饥荒并未得到改善，奇卡提罗依旧在挨饿，只能依靠树叶和草根饱腹。由此可见，奇卡提罗一直生活在营养不良之中。

研究显示，如果一个人从胎儿时期就饱受营养不良的折磨，那么他成年后形成反社会型人格的可能性将比营养充足的人高出 2.5 倍。

如果一个孕妇营养不良，那么势必会影响胎儿的发育，尤其是胎儿大脑的发育。虽然每个人在母亲子宫里只待上短短的 10 个月，但这 10 个月的生长发育却十分重要，要是胎儿一出生大脑就有生理上的问题，那么往往无法通过后天的努力来改变。例如巴西的连环杀手佩德罗·罗德里格斯·费尔霍，在他还是胎儿时，母亲被父亲殴打，从而导致他脑部受损。

罗伯特·库伦在采访了奇卡提罗后得出一个结论，奇卡提罗是个极其敏感、脆弱、羞涩的人。凡是认识奇卡提罗的人都会觉得他是个逆来顺受的人，不论别人如何朝他发火、嘲弄他，他都会十分恭顺。奇卡提罗从小就生活在被嘲笑的环境之中。小时候，奇卡提罗经常因尿床和乌克兰口音被嘲笑。长大后，奇卡提罗又因性功能障碍被女友、知情人嘲笑。在当采购员的时候，奇卡提罗也经常被同事们嘲笑，因为每当他无法完成采购任务时，就会被领导大声斥责。面对这些，奇卡提罗从来没有发过火，他总是默默地承受着。

表面上看，奇卡提罗似乎是个很恭顺的人，但饱受歧视的人生经历早已在他内心深处埋下了仇恨的种子。再加上他的父亲被安上了叛徒的罪名，奇卡提罗因此被剥夺了考大学的权利，他一定会更加仇视社会。

被捕后，奇卡提罗承认自己只有在杀人时才能获得性高潮，他也承认自己一直被性功能障碍困扰着。也就是说，这种变态的性冲动促使奇卡提罗去猥亵和杀人。而他之所以不能进行正常的性行为，与他早年看到母亲被德军强奸有着密不可分的关系。

虽然奇卡提罗在被捕之后就被判处了死刑，但由于时局动荡，他的死刑一直拖到了 1994 年才被执行。其间，奇卡提罗曾被送到莫斯科的谢尔比斯基性病理研究所，那里有许多专家对奇卡提罗这头"野兽"十分感兴趣。奇卡提罗被安排接受了罗夏墨迹测试和明尼苏达多阶段测试，最终精神病学家们认定导致奇卡提罗出现性功能障碍的原因有两个：第一，奇卡提罗的颅骨内有积水，这是导致他出现性功能障碍的生理原因；第二，奇卡提罗总是因为性功能障碍这个生理缺陷而感到自卑和愤怒，这种情绪加重了他的性功能障碍。

Criminal Psychology

在监狱里排队等死——

兰迪·克拉夫特

1983 年 5 月 13 日，迈克尔·霍华德像往常一样在圣迭戈高速的 5 号洲际公路上巡逻，他注意到一辆车在摇摇晃晃地向前行驶着，接着他发现这辆车在变换车道的时候没有遵守交通规则，他怀疑司机酒驾，就将巡警车的车灯打开，并按响了播音喇叭。那辆车按照迈克尔的要求靠边停了下来，车上的司机很快走下车来到了迈克尔的面前。

司机的手中拿着一瓶啤酒，他对迈克尔说，自己的确喝了三四瓶啤酒，但并没有喝醉。迈克尔不相信他的话，就让司机接受酒精测试，测试结果显示司机属于酒驾，按照规定迈克尔得将司机和汽车一起扣押。

迈克尔慢慢走向那辆丰田汽车，他刚才似乎看到车里躺着一个人，如果那名乘客没有喝酒，他就可以请乘客将车开回去。这是巡警在遇到酒驾司机时常常采用的处理方式，这样一来司机也能少支付一笔扣押金，他只需要将司机扣押即可。

走近一看，迈克尔果然看到后面的车座上躺着一个人，他以为那个人睡着了，就敲了敲车窗想唤醒他，结果对方一点儿反应也没有。迈克尔只能将车门打开，进入车内去摇动那个人的身体，结果那个人还是一点儿反应也没有，迈克尔并未多想，只以为这个人已经烂醉如泥了。后来，迈克尔不经意间掀开了盖在这个人腿上的皮夹克，结果发现对方没有穿裤子，阴茎和睾丸粘连在一起，双腕上还有被捆绑过的痕迹。

迈克尔立刻呼叫了医护人员。医护人员对此人进行了一番检查后给出结论，此人早已没有了生命迹象，应该已经死了一段时间，而且致命伤在颈部，是被勒死的。法医在对死者进行检查的时候，在死者的体内发现了一些安乐定的成分。警方很快就调查清楚了死者的身份，死者名叫特里·甘布里尔，25岁，在海军陆战队服役。

这名司机的身份也很快得到了确认，名叫兰迪·克拉夫特。在克拉夫特的汽车的后备厢里，警方找到了一份清单，上面写满了各种代号，这是他所制作的杀人记录，他会用密码的形式给每名被害人编一个代号。克拉夫特是个连环杀手，强奸并杀害了至少67个人，所有的被害人都是年轻男子或少年。克拉夫特的作案时间长达12年，从1971年开始直到后来意外被捕。

克拉夫特一般会在派对上寻找目标，凡是被他看上的男人或男孩，都会被他哄骗到自己的车上，然后克拉夫特会递给被害人一瓶啤酒，里面掺着镇静剂、安乐定之类的药物，让被害人喝下后昏迷过去。克拉夫特会对昏迷中的被害人施以强奸、折磨，最后将被害人勒死或者开枪打死。例如特里，他虽然喝下混着安乐定的啤酒后便昏迷了，但并不足以致死，是克拉夫特将昏迷中的他给勒死的。被害人的生殖器、胸部和脸部通常会被烫伤，有时克拉夫特甚至还会将被害人的生殖器割掉，或者往被害人的直肠内塞入异物。

克拉夫特一般会将被害人的尸体随意丢弃在各州际高速公路上，因此人们送给他一个"高速公路杀手"的外号。在克拉夫特被捕后，由于他会将杀害的人记录在一张清单上，因此媒体送给他一个新外号——"积分卡杀手"。

警方认为被克拉夫特杀死的第一个人是韦恩·杜克特，他的尸体在1971年10月5日被发现，已经有腐烂的迹象，法医将死亡原因认定为急性酒精中毒。

1972年12月24日，一个名叫爱德华·穆尔的军人失踪了，后来他的尸体在 405 高速公路附近被发现。尸检结果显示，爱德华的手腕和脚踝都有被捆绑过的痕迹，脸部被钝器所伤，身体上有多处咬痕，直肠里被塞进了一只袜子。他的致命伤在脖子处，是被人勒死的。

6 周后，高速公路附近又发现了一具男尸，与爱德华一样，被害人被捆绑过，脸部受到重创，直肠里有一只袜子，是被人勒死的。只是被害人的身份至今没有得到确认。

两个月后，17 岁的凯文·贝利失踪了，他的尸体最后在亨廷顿比奇路附近被发现。尸检结果显示，贝利在遇害前遭受了鸡奸，而且生殖器被割掉。

1973 年 7 月 28 日，405 高速公路上发现了两具男尸。其中一名被害人的身份无法确定，另一名被害人是 20 岁的罗尼·韦博，这两人均是在被捆绑后，遭受了折磨和鸡奸，最后被杀死。

12 月 29 日，有人在圣贝纳迪诺山上发现了一具男尸，死者是 23 岁的文森特·克鲁兹·梅斯塔斯，在一所艺术学院上学，是个双性恋。法医在对文森特进行尸检的时候，在他的直肠内发现了一只袜子。此外文森特的手被凶手切割下来，警方至今也没找到文森特被切下的手。

1974 年，在加利福尼亚南部的一条运输道的附近一共发现了 5 具男尸。与之前所发现的尸体一样，这 5 名被害人均是被人鸡奸后杀死，有的被害人的直肠内还发现了异物，有的被害人身上布满了咬痕。

1975 年 1 月 3 日，17 岁的约翰·勒拉斯失踪了。据目击者反映，曾看到约翰上了一辆公交车。后来，约翰的尸体被人发现，他是被勒死的，肛门处有突出的异物。两周后，21 岁的克雷格·乔纳蒂斯的尸体被发现，他同样是被人勒死的。

14 名死者的被害有许多相似的地方，这让警方和联邦调查局相信这 14 起凶杀案是同一个凶手，并认为凶手是一个高度有组织的欲望杀手，智商应该高于常人。

1975年3月29日，吉斯·克罗威尔和肯特·梅这两名年轻人失踪了。6月8日，吉斯的头骨在一个码头上被人发现。后来警方从吉斯和肯特的朋友那里了解到，曾有人在停车场看到克拉夫特与喝醉的吉斯、肯特在一起。除此之外，没有证据显示吉斯的死和下落不明的肯特与克拉夫特有关。

12月31日，22岁的马克·霍尔失踪了。后来，霍尔的尸体在一个偏远的峡谷里被人发现，当时尸体被绑在一棵树上。尸检结果显示，霍尔遭受了鸡奸，他的胸部、阴囊、鼻子和脸颊处都有严重的烫伤，眼睛被破坏，大腿上有许多伤口。造成霍尔死亡的原因是窒息，法医在霍尔的气管里发现了树叶和泥土。显然，霍尔生前遭受了非人的痛苦折磨。

1979年6月16日，20多岁的唐纳德·克里塞尔失踪。他的尸体在405高速公路附近被发现。虽然法医认为导致唐纳德死亡的原因是急性酒精中毒，但在他的尸体上发现了被捆绑、折磨的痕迹。

两个月后，有人在长滩加油站的两个垃圾袋里发现了一些人体碎块，有头部、躯干和左腿。警方只能得知死者是名男子，年龄在18岁到30岁之间，其他的一概不知。

两周后，有人在箭头湖发现了一具男尸，死者是20岁的格雷戈·瑞华勒斯·乔利。尸检结果显示，格雷戈的生殖器被割掉，他在头部和腿被切断后死亡。

1979年11月24日，15岁的杰弗瑞·塞亚失踪。警方从目击者那里了解到，杰弗瑞曾在西敏寺巴士站出现过，之后杰弗瑞就消失了。

1980年2月18日，失踪的19岁的马克的尸体在坦普林公路附近被找到，他的手被切断。

1981 年 4 月 10 日，5 号州际高速公路上发现一具男尸，死者是 17 岁的米迦勒·克拉克。尸检结果显示，克拉克生前遭受过鸡奸和毒打，他的头部被钝器严重击伤。

8 月 20 日，失踪的 17 岁男妓威廉姆斯的尸体在圣贝纳迪诺山被发现，尸体半裸着，死于窒息。

1982 年 7 月 17 日，14 岁的雷蒙德·戴维斯在公园寻找自己丢失的宠物狗时失踪。29 日，雷蒙德腐烂的尸体被人发现，他的尸体就被埋藏在一堆树叶下面。尸检结果显示，雷蒙德死于窒息，是被人用鞋带勒死的，尸体上还有被捆绑过的痕迹。

在距离雷蒙德尸体 40 英尺的不远处，警方还发现了 16 岁的罗伯特·阿比拉的尸体，他在 7 月 21 日失踪，同样是被凶手勒死的。

11 月 1 日，24 岁的莱恩失踪。目击者曾看到莱恩在路边搭便车。莱恩的尸体一直没有被找到，直到 1984 年 1 月，莱恩的尸体才在一个山坡上被发现。

四周后，有人在 5 号州际高速公路上发现了一具男尸，死者是 26 岁的布瑞恩，他被发现时半裸着，死于窒息，不过法医在他的体内发现了高浓度的酒精和安眠药。

12 月 3 日，29 岁的木匠安东尼在搭便车的时候失踪了。两周后，他的尸体被发现，他同样是被人勒死的，生前曾被鸡奸。

1983 年 1 月 27 日，21 岁的埃里克在搭便车时失踪，后来他的尸体被找到。尸检结果显示，埃里克的体内有高浓度的酒精和安乐定，生前遭受了鸡奸，脑袋上的伤口说明他曾被钝器多次击打，此外他的尸体上也有被捆绑过的痕迹。

2 月 12 日，18 岁的罗伊·尼尔森和 20 岁的罗杰德·瓦努尔在深夜失踪。

后来尼尔森的尸体被找到，他全身赤裸着，生殖器被割去，同样是被鸡奸后勒死。罗杰德的尸体在一处人迹罕至的山腰被发现，与尼尔森一样，他也是在遭受了鸡奸后被勒死。

上述的被害人均可以证明都是被克拉夫特杀害的，但克拉夫特所杀死的人远远不止这些，按照他的杀人清单，他至少杀死了 67 个人。被捕后，克拉夫特一直大喊冤枉，但在大量的证据面前，他只能认罪，最后他被判处死刑，被送到圣昆廷监狱等待死亡的来临。

圣昆廷监狱是加州最古老的监狱，也是唯一一所处死男性囚犯的监狱，关押着许多重刑犯和死刑犯。这里不仅占地面积大，还拥有十分先进的设施，因此被誉为"世界上最贵的监狱"。

自 1893 年起，圣昆廷监狱将 215 名囚犯处以绞刑。1938 年，监狱对死刑的方式进行了改革，废除绞刑，改为用致命气体。在 1983 年到 1996 年之间，一共有 196 名囚犯被关进毒气室处死。

1996 年，圣昆廷监狱再次对死刑方式进行改革，废除致命气体，改为静脉注射。为此，监狱还斥资 85 万美元修建了一间注射死刑室，里面有最先进的注射椅和各种设备。死刑室的一面墙是用玻璃制成的，囚犯的家属可以透过玻璃观看死刑的整个执行过程。一直到 2006 年，一共有 11 个犯人被执行注射死刑。

2006 年，加州法官宣布停止使用 3 种药物混合后静脉注射的方式来执行死刑，因为这很可能会使囚犯在痛苦中死去，违背了宪法。由于至今还没有决定采用何种方式来执行死刑，被判处死刑的犯人只能开始漫长的等待。在排着队等待死刑的队伍中，克拉夫特只是其中之一。其实在静脉注射死刑被停止使用前，就有不少犯人因忍受不了漫长的等待而选择自杀身亡，有的犯人则因太长的等待时间而自然老死或病死。在自由活动的时间里，运动场上会出现二十几把轮椅，上面坐着已经无法走路的死刑犯，即使如此他们还是没有等到死刑。

对于死刑犯来说，等待死刑的过程并不好受。监狱为了改善犯人们的生活，还专门设立精神病房，为犯人们提供心理治疗。圣昆廷监狱也因此成了美国第一所设置精神病房的监狱。但是接受心理咨询的犯人们的心理状况并未因此得到改善，因为心理医生总是会拐弯抹角地告诉犯人，这就是他要死的地方。

1945 年 3 月 19 日，克拉夫特出生在加利福尼亚州一个普通的中产家庭里，他的父亲是个生产工人，母亲是个缝纫机操作工，他在家中排行第四，上面有 3 个姐姐。克拉夫特的家庭与许多普通的美国家庭一样，生活平静。每当克拉夫特回忆起自己的童年时光时都会十分动情，他的父亲常常带着他一起去玩耍。克拉夫特清楚地记得，在内华达州举行核试验的时候，他的父亲还带着他去观看原子弹在空中爆炸后的情景。这些记忆对克拉夫特来说十分珍贵和快乐。从克拉夫特的童年经历看，他比大多数的连环杀手都要幸运。

克拉夫特的智商高达 129，在克莱蒙特男子学院获得了经济领域的学位，后来成了一名电脑顾问。在周围人看来，克拉夫特是个十分成功的人。与大多数连环杀手不同，克拉夫特的档案很清白，并不是一个在警方那里留下了累累案底的人。那么，他为什么在犯下如此严重的罪行同时，能逍遥法外这么多年呢？这与他的高智商密切相关，克拉夫特十分擅长总结经验。

1966 年的夏天，克拉夫特在公众场合猥亵了一名男子，而那名男子恰巧是一名便衣警察。于是克拉夫特被以猥亵罪起诉了，但仅仅是被起诉而已，克拉夫特并未为此付出什么代价，只是被警察警告"下不为例"。

这件事情后，克拉夫特知道自己想要做一些事情时得时刻注意，防止被警察盯上。于是克拉夫特开始找青少年下手，毕竟找成年男性下手的风险太大，很有可能会再次被起诉，而青少年则是很好的选择，他们有着和成年人相似的体形，但心智还不够成熟，更容易上当受骗。

1970 年 3 月，克拉夫特在路上遇到了一个 13 岁的少年，这个少年名叫乔伊。克拉夫特盯上乔伊后就主动上前与乔伊打招呼，还递给乔伊一根烟，然后开始和乔伊攀谈起来。在交流过程中，克拉夫特发现乔伊是个非常任性、叛逆的男孩，于是他就问乔伊，是否和女人发生过性关系。乔伊回答说没有。克拉夫特就开始以女人引诱乔伊，将乔伊带到了自己的公寓。

当时的乔伊以为自己会有场艳遇，并未怀疑克拉夫特，所以在克拉夫特递给他大麻的时候，乔伊坦然接受了。服用过大麻后，乔伊开始意识不清，这时克拉夫特递给他一些药丸，并让他就着酒吞下，之后乔伊就昏迷了。

昏迷中的乔伊开始任由克拉夫特支配，被迫为克拉夫特进行口交，虽然乔伊想要反抗，但根本无法支配自己的身体。后来克拉夫特将乔伊拖到自己的卧室内，开始鸡奸乔伊。整个过程中，乔伊因肛门的撕裂疼痛不已。在酒精和毒品的作用下，乔伊开始呕吐，弄得床上到处都是呕吐物，为此克拉夫特不得不去洗澡。在施暴过后，乔伊感觉到克拉夫特似乎离开了，好像是去上班了。

乔伊在药效减轻后，跌跌撞撞地从克拉夫特的公寓里逃了出来，他穿过马路逃到了一家酒吧。一名客人接到乔伊的求救后报了警。之后，乔伊被送往医院清洗胃里的酒精和药物残留。在两名警察的陪同下，乔伊再次来到了克拉夫特的公寓，他告诉警察自己的鞋子忘在了公寓里，那双鞋子可以证明自己曾来过这间公寓。但警察根本没找到乔伊的鞋子，倒是发现了不少淫秽照片，上面全是男性。

对于乔伊来说，这段经历既给他带来了肉体的伤痛，也给他的心理造成了不可磨灭的伤害，由于羞耻感，乔伊并未将自己遭受鸡奸的事情告诉其他人，就连他的父母也不知道。而且，那两名警察在进入克拉夫特公寓内搜查的时候，并未申请搜查令，于是他们也不敢起诉克拉夫特。直到许多年后，克拉夫特被捕，乔伊作为唯一的幸存者出现在法庭上，控诉克拉夫特当年对他所犯下的罪行。

乔伊的事件让克拉夫特得到了一个教训，想要不被警察抓住就必须小心谨慎。后来克拉夫特想到了一个完美的作案方式——杀人灭口，毕竟尸体永远不会去报警。于是在乔伊性侵案发生后的第二年，克拉夫特就开始了杀戮。

【主动性与反应性暴力】

所谓主动性暴力，就是指一个人采用暴力的方式主动地从他人那里获得自己想要的东西的一种反社会行为。克拉夫特就是一个十分典型的主动性暴力罪犯。他每次杀人前都会进行精心的策划，他会先用酒精和药物将被害人放倒，然后鸡奸、折磨对方，最后将对方杀死并抛尸。对于克拉夫特来说，暴力只是方式，他的真正目的是从鸡奸、折磨被害人的过程中获得性快感。此种类型的暴力罪犯十分擅长总结经验教训，如果他认为自己必须杀人以避免被警察盯上，那么他会毫不犹豫地将对方杀死。

所谓反应性暴力，就是指一个人之所以会出现暴力犯罪行为，很大程度上是受到了情绪的驱使，是在冲动下出现了暴力行为。例如受到挑衅时，觉得自己被侮辱了，此种类型的暴力罪犯会变得十分愤怒，从而用暴力的方式反击对方。

当然，并不是所有的暴力犯罪行为都可以用这两种类型来划分，有些暴力犯罪行为显然是主动性与反应性的混合。例如报复性杀人，一个人在觉得他人侮辱了自己时，内心非常愤怒，于是就开始精心策划报复行动，最后将对方杀死，从而获得心理上的满足。

Criminal Psychology

被骗进森林的男孩们——

阿纳托利·斯利弗克

1985 年 7 月 23 日，苏联斯塔夫罗波尔市的一个名叫塞吉·帕夫洛夫的 13 岁男孩失踪了。最后一个见到塞吉的人是他的邻居，他在离家前对邻居说自己要去和查基得俱乐部的管理者见面，这个管理者名叫阿纳托利·斯利弗克。

在塔夫罗波尔市，斯利弗克是个小有名气的摄影师，他拍摄的短片还曾获得过奖项。他管理着一个俱乐部，在当地颇受人们尊重，有一个温柔的妻子和两个可爱的孩子，看起来生活十分完美。

塔玛拉·朗古叶娃检察官在 11 月份开始接手调查塞吉失踪案，她并未被斯利弗克完美的外在形象所蛊惑，她认定塞吉的失踪与斯利弗克脱不了关系。塔玛拉在调查查基得俱乐部的时候，从一些男孩的口中得知，他们曾被斯利弗克做过一些"试验"，具体的试验过程他们都记不清了，只是在清醒后觉得身体很不舒服。

在接下来的调查过程中，塔玛拉掌握了大量的斯利弗克的犯罪证据，例如一些失踪男孩的皮鞋。还有一些摄影，斯利弗克很喜欢将自己的犯罪过程拍摄下来，有时会边看摄影边自慰。1985 年 12 月，斯利弗克被捕。

在杀人之前，斯利弗克曾将 43 名男孩骗到森林中进行各种猥亵和拍摄。由于被害人在被猥亵的时候都处于昏迷状态，根本不知道自己到底遭遇了什么，因此即使事后觉得不舒服，也从未报警。

1961 年，此时的斯利弗克 23 岁，他在一条马路上遇到了一起交通事故，当时一个醉酒的人驾驶着一辆摩托车冲进了人群，一名身穿少年先锋队制服的男孩被汽油和火点燃了，他在大火中挣扎着，最后被烧死。斯利弗克亲眼看到此景后不仅没有觉得恐惧，反而很兴奋，还产生了一种不可描述的性冲动。后来，斯利弗克就靠着回忆那天地狱般的场景来使自己获得性满足。

到了1963年，斯利弗克再也无法控制自己的变态幻想，他来到一家儿童俱乐部找到一份工作，他开始主动和俱乐部的男孩交朋友，经常给对方一些小恩小惠。很快，斯利弗克就与许多男孩建立了亲密的关系，他们都很喜欢斯利弗克。

看到时机成熟后，斯利弗克就开始诱骗男孩和他一起去森林里进行一项濒死体验的试验。斯利弗克还会提前交代说，让男孩穿上少先队员的制服、擦亮皮鞋。在进入森林后，他会诱使男孩倒挂在森林中，他会说这样有利于舒活筋骨，一旦男孩有何不适，就会被放下来。

由于被倒挂在空中时会出现呕吐的现象，斯利弗克会叮嘱男孩数小时前不要再吃东西了。斯利弗克会对男孩解释说，这是医学上的建议，例如一般人在做手术前都会被医生嘱咐禁止进食，不然在被麻醉后会出现胃部残留物反流的情况，一旦进入呼吸道，就很容易窒息，因为人在麻醉状态下，其呛咳和吞咽反射会减弱。男孩一听很有道理，就听从了斯利弗克的安排。

斯利弗克将男孩吊起来之后，男孩会渐渐昏迷过去。趁着男孩意识不清的时候，斯利弗克会将男孩的衣服脱光，然后尽情地猥亵和拍摄。

起初，斯利弗克对猥亵和拍摄很满足，他觉得这样做很刺激。后来随着次数的增多，猥亵和拍摄带给斯利弗克的刺激越来越小，他开始不满足于猥亵，想要将男孩折磨至死。

1964年6月2日，斯利弗克对一个15岁的流浪男孩出手了。被害人名叫尼库拉·多布莱谢夫，他在与斯利弗克认识后就告诉对方自己离家出走了。相处了一段时间后，斯利弗克发现根本没有人来找尼库拉，于是就将尼库拉骗到了森林中。

斯利弗克用粗绳将尼库拉绑起来并吊在树上，然后开始猥亵他。后来斯利弗克发现尼库拉昏迷了过去，这一次他并未将尼库拉叫醒，而是将尼库拉肢解了，之后将尸体掩埋在森林中。这一切都被斯利弗克用摄像机拍了下来。

根据斯利弗克的说法，尼库拉的死完全是个意外，他根本无意杀害尼库拉。但这次的杀戮却让斯利弗克觉得很刺激，他喜欢上了杀戮，为了满足自己杀戮的欲望，他不得不去寻找合适的猎物下手。

1965 年 5 月，斯利弗克将一个名叫阿列科塞·科瓦隆科的男孩骗到森林中，像杀死尼库拉那样杀死了他。

后来为了满足自己变态的欲望，斯利弗克开了一家儿童俱乐部——查基得。这样他就有更多的机会接触男孩了，他也可以从中一一挑选自己喜爱的"猎物"。许多家长根本不知道斯利弗克是个披着人皮的恶魔，他们纷纷将自己的孩子送到查基得俱乐部，在他们看来，男孩们很安全，根本不必太在意。

在查基得俱乐部里，斯利弗克是个管理者，男孩们都很信任他，他也利用这份信任和几个年龄不大的男孩保持着密切的关系，并找了一个冠冕堂皇的理由将男孩一个个骗到森林中。斯利弗克会对男孩们说，他要拍摄一部电影，主要讲的是勇敢的童子军和纳粹作战的故事，哪个男孩想要成为电影的主角，就必须得穿上少年先锋队的制服跟他去森林。

这种题材的电影在当时的苏联十分流行，再加上斯利弗克是当地小有名气的摄影师，男孩们自然很想参与电影的拍摄。于是，许多男孩都自愿跟着斯利弗克来到了森林中。

到了森林中，斯利弗克会将摄影机打开，然后告诉男孩会将他吊起来，斯利弗克还特意强调这不会有危险。当男孩被吊起来之后，他就被斯利弗克完全控制住了，对于斯利弗克来说他就变成了一个十分有趣、刺激的玩具，男孩会渐渐昏迷过去，这时斯利弗克会将男孩放下来，然后开始肆意折磨、猥亵男孩。

有的男孩会在斯利弗克的折磨中死去，斯利弗克就会将男孩的尸体肢解，然后在尸体上撒上汽油，将尸体点燃。等火焰熄灭后，斯利弗克会将被烧成焦炭的尸体埋藏起来。

1975 年 5 月 11 日，斯塔夫罗波尔的警方接到一名中年女子的报案，她对警察说自己 11 岁的儿子安德烈·波卡斯严失踪了，他是查基得俱乐部的成员，失踪前曾告诉她，自己要去附近的森林里参加一部电影的拍摄，他还告诉自己摄影师是斯利弗克。但警察根本不相信这位母亲的话，在警察看来，斯利弗克是个守法的公民，还是个拿过奖项的摄影师，安德烈的失踪肯定与他毫无关系。

被捕后，斯利弗克只交代了 6 名被害人的尸体所在地，因为他杀的人太多，其他被害人的尸体埋藏地实在记不清了。最终，斯利弗克被判处死刑。

在等待死刑的过程中，斯利弗克以变态连环杀手的身份，协助警察追查另一个连环杀手——有着"俄罗斯食人魔"之称的安德烈·奇卡提罗。不过斯利弗克所提供的线索根本没派上用场，他对奇卡提罗的预测都是错误的。

【强烈的支配欲望】

对于任何一个正常的人来说，目睹一起严重的交通事故、看着一个男孩被活活烧死，都会造成十分强烈的视觉冲击，很有可能会带来十分严重的心理创伤，有的人甚至需要在心理医生的帮助下才能从这段创伤中走出来。但斯利弗克却对此产生了性冲动，好像发现了有趣的事情一样，很显然他是个心理变态者。即使没有这场意外事故，斯利弗克也会通过其他渠道让自己的病态爱好得以激发。

一个人对自己所遭遇的一切会做出什么样的反应，很大程度上取决于他的人格。例如斯利弗克在看到被火烧死的男孩时会觉得兴奋，甚至会常常幻想着如何折磨一名男孩让自己达到性高潮。如果换作一个有着正常人格的人，他会非常同情那名意外丧命的男孩，还会对那个场景感到恐惧。

在斯利弗克的罪行被揭发前，他在当地有着良好的声誉，是个小有名气的摄影师，还有幸福美满的家庭，与犯罪毫不沾边。但实际上他只是十分擅长隐藏罢了，他不会轻易将自己脑中所幻想的暴力和残酷表达出来。当然，他的良好声誉其实也是一种掩护，例如在失踪者安德烈的母亲报警的时候，警察根本不相信她的话。如果警察能稍做留意，就会发现失踪的男孩都与斯利弗克的查基得俱乐部脱离不了干系。

斯利弗克猥亵和杀死的男孩都很年幼，年龄在 12 岁到 15 岁之间，从来没有超过 17 岁的男孩。犯罪心理学家认为，斯利弗克之所以会找 17 岁以下的男孩下手，是因为他对性交对象有着十分强烈的支配欲望，他不喜欢性交对象反抗自己，因此他总是将男孩吊晕，对昏迷的男孩进行猥亵，甚至是玩弄尸体。

此外，斯利弗克还是个恋物癖者，他会将男孩的皮鞋取下来当作战利品带回家，然后将鞋子洗干净放到柜子里，时不时地拿出来欣赏，顺便回味一下猥亵、杀害男孩的过程。

Criminal Psychology

令人心惊的完全依赖——

大卫·伯尼和凯瑟琳

1986年11月10日，西澳首府珀斯市郊的一家小型购物中心跑进来一个半裸的年轻女子，她用十分慌张的语气让工作人员帮她报警，她说自己遭受了强奸。

保罗警探得知这个消息后，立刻赶往警察局与该女子见面，他以为该女子是失踪了几天的丹尼斯。

11月5日，当地警察局接到一起失踪报案，一个名叫丹尼斯的年轻女子失踪了。这是珀斯市警察局在一个月内接到的第四起女性失踪案。这4名失踪的女子全都来自良好的家庭，她们不会无故失踪，负责案件的保罗警探认为她们一定遭遇了十分棘手的麻烦。

保罗开始猜测这4名失踪女子都被一名连环杀手杀害了，不过让保罗疑惑的是，其中两名失踪者的朋友和家人还收到过她们的电话和来信，但就是无法与她们取得联系。例如15岁的苏珊娜在失踪后的半个月内，给父母写了两封信，信中均表示自己很好，并说自己很快就会回家。丹尼斯的一个女性朋友在丹尼斯失踪当天接到了丹尼斯的电话，电话中丹尼斯告诉她，自己一切都好。之后丹尼斯就再也没有了消息。

保罗和同事赶到警察局后，看到了报案的年轻女子，她只有16岁，名叫凯特。之后凯特将自己所遭遇的一切都告诉了保罗。

在11月9日的晚上，凯特在回家的路上遇到了一对男女。起初凯特以为他们只是问路的路人，直到他们亮出刀子逼迫凯特上车，凯特才意识到危险。

凯特被带到了一栋房子里，她的衣服被这对男女扒光，并被他们用铁链绑在床上。之后，凯特遭受了多次强奸。男子强奸凯特时，那名女子则在一边看着。

第二天早上，男子离开了，好像是去上班。那名女子给凯特松绑后，就强迫凯特给父母打电话报平安。就在这时，敲门声响起来，那名女子于是离开卧室去开门。凯特立刻意识到这是一次千载难逢的逃生机会，于是就从一扇敞开的窗户跑了出去，一路狂奔到一家小型购物中心。

当保罗得知凯特曾被迫给父母打电话报平安的时候，立刻联想起了失踪的丹尼斯和苏珊娜，她们也曾与自己的父母、朋友联系过，之后便再也没有了音讯。凯特向警方表示，她清晰地记得绑匪的外貌以及大概住址。保罗立刻觉得，绑匪根本没打算将凯特活着放走，不然不会让凯特看到他们的面孔，并且让凯特知道他们的住所。也就是说，凯特能活着逃出来实属幸运。这让保罗更加坚信，这对男女很可能是连环杀手，还杀死过其他人。

在凯特的带领下，警察来到了一栋白色砖瓦房前。当时房子里一个人也没有，警察只能等待嫌疑人回家。不一会儿，一名女子出现了，她就是参与了绑架凯特的女子，名叫凯瑟琳。女子显得很慌张，她说自己会协助警方抓住大卫·伯尼。后来，警方在一个车场内将大卫抓获。

警方在搜查大卫和凯瑟琳的住所时，发现了凯特的包。此外警方还在天花板上找到了一包香烟，凯特说这是自己故意藏在这里的，以证明自己的确被绑架到了这栋房子里。

面对凯特的指控，凯瑟琳和大卫坚决否认。按照他们的说法，凯特是自愿参加他们的聚会，并与他们一起吸食大麻，还自愿与大卫发生性关系。警方并未在案发现场找到可以证明凯特遭受过强奸的证据，只能寄希望于审问。

在保罗的安排下，凯瑟琳和大卫被分开接受审问。最先被攻破心理防线的是大卫，他不仅承认自己强奸了凯特，还交代了 4 起命案。当凯瑟琳得知大卫已经招供后，也崩溃了，就随同大卫一起带着警察去寻找被埋藏的尸体。

在大卫的指引下，警察开着车来到了珀斯北边的国家森林公园，并在一处种着松树的丛林边停了下来，大卫指着一堆沙子对警方说，这里埋着一个女人。几分钟后，警方挖出了一具女尸，是失踪的丹尼斯。在留下一些警卫守着丹尼斯的尸体后，其他警察跟着大卫和凯瑟琳来到了另一处埋尸地点。

在高速公路上行驶了半个小时后，警方在大卫的指引下拐进了一处丛林，走上了一条狭窄的小道，最终在一个斜坡处停了下来。警察很快找到了一具已经腐烂的女尸，死者是 10 月 6 日失踪的玛丽，只有 22 岁。在不远处，大卫指出了另一具女尸的埋藏地，死者是 15 岁的苏珊娜，在 10 月 19 日失踪。

最后一名被害人的尸体埋藏地是凯瑟琳指出的，在大卫指出三名被害人的尸体埋藏点后，凯瑟琳主动提出，她要带着警察去找诺林的尸体，诺林是一名31 岁的女性，在 11 月 1 日失踪。

凯瑟琳向警方表示，她很讨厌诺林这个女人，她们之间闹得很不愉快，因为大卫对待诺林的态度与其他被害人都不同。在找到埋藏诺林尸体的地点后，凯瑟琳甚至朝着坟墓吐口水。

1986 年 10 月 6 日，在西澳大学上学的学生玛丽像往常一样在一家熟食店里兼职打工，她打算下班后去一个车场看轮胎，之前车场的一个工作人员大卫将电话号码给了她，让她私底下和自己联系，他可以提供便宜的价格给玛丽。

玛丽下班后就去了大卫的住所，她打算谈好价格后就回学校。当大卫打开房门后，玛丽就被大卫与凯瑟琳强行拖入房间。他们将玛丽用铁链绑在床上，然后大卫开始强奸玛丽。在这个过程中，凯瑟琳不仅没有回避，反而一边观看，一边抚摸大卫，好让大卫更加兴奋。

在折磨过玛丽后，他们就将玛丽拖进车里，并开车来到了森林公园。在这个荒无人烟的地方，玛丽再次被强奸，然后被一根尼龙绳勒死。确认玛丽死亡后，大卫开始用刀不断地刺向玛丽的身体，他认为这样会使尸体更快分解。随后，大卫从后备厢里拿出了一把铲子，挖了一个坑，将玛丽的尸体扔了进去。为了避免被警察怀疑，大卫还特意将玛丽的车停在警察局的对面。

在之后的几周内，大卫和凯瑟琳反复实施着强奸杀人的罪行，并在森林公园里掩埋被害人的尸体。第二名被害人是 15 岁的苏珊娜，在玛丽被害的两周后被大卫和凯瑟琳盯上。

苏珊娜来自一个不错的家庭，他的父亲是西澳有名的眼科医生，她在一所高中上学，学习成绩不错。在苏珊娜失踪的当天，大卫和凯瑟琳正在寻找下手的目标，当他们看到在路边等待搭乘顺风车的苏珊娜后，立刻将车开了过去。

苏珊娜一上车，就被大卫和凯瑟琳控制住了，他们将她的双手绑住，并带回了自己的住所。与玛丽一样，苏珊娜被他们用铁链绑在床上并遭到了性侵。事后，大卫躺在床上休息，凯瑟琳为了让大卫兴奋，就与大卫、苏珊娜躺在一起。

最后苏珊娜的脖子上被套上了一根尼龙绳，他们打算将苏珊娜勒死。苏珊娜在意识到自己即将被杀死后开始奋力抵抗，最后他们只好放弃，开始强迫苏珊娜吃下安眠药。等苏珊娜昏睡过去后，大卫就将尼龙绳扔给凯瑟琳，他让凯瑟琳将苏珊娜勒死，并说只有这样凯瑟琳才能证明自己对大卫的爱。凯瑟琳愉快地同意了，她将绳子套在苏珊娜的脖子上，然后慢慢勒紧，直到苏珊娜没了呼吸。

11 月 1 日下午，大卫和凯瑟琳开车在街上游荡着，寻找可以下手的目标，这时他们发现了一个将车停下来的女人，这个女人就是诺林，也就是第三名被害人。当时诺林正准备开车回家，结果发现车没油了，就只能将车停在路边想办法。

这时一辆车也停在了路边，车上有一男一女，以非常友善的态度询问诺林是否需要帮助，诺林轻易地相信了他们。等诺林一上车后，一把刀立刻抵住了她的脖子，他们威胁诺林，让诺林不要轻举妄动，不然就将她杀死。诺林被绑住后，被大卫和凯瑟琳带回了住所。在那里，诺林同样被他们用铁链绑在床上，然后大卫开始强奸她。

诺林是一名31岁的成熟女性，在一家高尔夫俱乐部酒吧担任经理一职，她在俱乐部很受欢迎，因为她不仅长得漂亮，行为举止也优雅有礼。在此之前，诺林曾在航空公司做过空姐，还在一位大亨的私人飞机上工作过。

与玛丽和苏珊娜不同，诺林深知自己的处境，她开始想办法讨好大卫，希望大卫能网开一面放走她。大卫的确很喜欢诺林，他已经深深地被诺林迷住了。这一切被凯瑟琳看在眼里，她由于嫉妒开始变得愤怒起来。

其实从一开始，凯瑟琳就非常讨厌诺林这个看起来优雅美丽的女人，因为凯瑟琳也想成为一个优雅美丽的女人。当凯瑟琳注意到大卫迷上了诺林后，她担心自己会因此失去大卫，就开始催促大卫尽快将诺林杀死，但大卫却一直往后拖，迟迟不肯同意，最后凯瑟琳只能以死相逼，让大卫在自己与诺林中间做出选择。大卫选择了相貌普通的凯瑟琳，不管诺林再怎么优雅美丽，也比不上凯瑟琳的忠诚，在大卫看来，凯瑟琳这样疯狂地爱着自己，她一定会协助自己虐杀更多的女人。

在凯瑟琳的坚持下，诺林被迫吞服了大量的安眠药。等药效发作后，凯瑟琳就催促大卫将昏睡的诺林给勒死了。在埋葬尸体的时候，大卫一直声称要找个特别的地方，在他看来诺林与之前的两名被害人不同。而对于凯瑟琳来说，诺林就是她的情敌，她在埋葬诺林的时候故意将沙子扔到诺林的脸上。

11月5日，大卫和凯瑟琳在路边看到了一名正在等公车的年轻女子，于是就将车停在女子的身边，表示可以搭载她一程。这名女子就是21岁的丹尼斯，也就是被大卫和凯瑟琳杀死的第四名被害人。

丹尼斯在一家公司担任电脑操作员，很喜欢在业余时间跳舞和去夜总会。在失踪的前天晚上，丹尼斯还和朋友在夜总会玩了一晚。在周围人看来，丹尼斯是个很有趣且乐于帮助他人的女孩。丹尼斯的一个朋友表示，丹尼斯是个很容易相信别人的人，所以她会轻易地被大卫和凯瑟琳骗上了车。

遭受了强奸和折磨后，丹尼斯被两人弄昏，然后被放在车的后座位上。大卫和凯瑟琳开着车来到了国家森林公园。途中他们看到一名年轻女子，就企图将其骗上车。女子看到有车停在自己身边，也停下了脚步。当大卫表示可以搭载女子一程时，女子突然觉得很不安，她注意到车上的男人正低着头，而女人正在喝着一罐朗姆酒和可乐的混合饮料。她还看到有个人横躺在后座上，以为这个人可能是他们的儿子或女儿，她无法确定男女，只是觉得那可能是个女孩，但发型看起来却像个男孩。

最后女子拒绝了凯瑟琳的"好意"，由于当时有更多的车开过来了，凯瑟琳和大卫只好放走了她。后来当女子得知大卫和凯瑟琳的杀人罪行后，才意识到那天的自己是多么幸运，而她所看到的"睡熟中的人"正是失踪的丹尼斯。

将车开到一处人迹罕至的松树林后，他们就将车停了下来，开始等待天黑。其间，丹尼斯再次遭受了强奸。天色暗下来后，大卫将丹尼斯从车里拖了出来，开始强奸她，而凯瑟琳则在一旁举着手电筒。很快，大卫就将一把刀插进了丹尼斯的脖子，当时丹尼斯并未马上死去，凯瑟琳只能从车里拿出一把更大的刀。在确定丹尼斯没了呼吸后，大卫和凯瑟琳开始挖坑准备掩埋尸体。

当他们用沙土覆盖"尸体"的时候，丹尼斯突然坐了起来。大卫被吓了一跳，他找来一把斧子，用力地劈向丹尼斯的头部，直接将丹尼斯的头骨给劈开了。这下，大卫终于确定丹尼斯已经死透了，于是就用沙土掩盖住了尸体。

1951 年，大卫·伯尼出生于珀斯东部，他在家里的 5 个孩子中排行老大。

大卫的父亲是个身材矮小且酗酒的男子，母亲是个举止粗俗且私生活混乱的女人，她会为了免费搭乘出租车而与司机发生性关系。在两人邀请牧师为他们主持婚礼的时候，牧师就非常担忧，他认为这两人结为夫妇不会有任何好处。

在当地，大卫的家庭是出了名的混乱，许多人都为这 5 个孩子担忧。大卫的家不仅脏乱，父母还从不会为孩子准备饭菜，一家人也从没有在一起吃过饭。此外，外界还流传着伯尼家存在滥交和乱伦的传言。

在大卫十来岁的时候，他们一家人搬到了珀斯的另一个郊区居住，凯瑟琳也因此成了大卫的邻居。

15 岁时，大卫不再上学，他在附近的赛马场里找了一份工作，并向骑师埃里克学习骑马。不久，大卫就被埃里克解雇了，因为埃里克发现大卫经常伤害赛马场里的马。此外，大卫还在一天晚上，闯进了一个老太太的房间，当时他赤裸着身体，头上罩着丝袜，企图强奸老太太。在青少年时期，大卫就是警察局的常客，曾几次进出监狱。

成年后，大卫开始沉溺于色情，并有着异常的性嗜好。20 岁时，大卫开始了第一段婚姻。第一任妻子为大卫生下了一个女儿，取名为坦妮娅。在大卫因连环强奸杀人罪被捕的时候，坦妮娅已经 10 岁了。父亲的罪行给坦妮娅造成了深刻的影响，她长大后既没有结婚也没有生孩子，因为她担心自己的孩子会成为像父亲那样残忍的人。

其实不只坦妮娅，凯瑟琳与前夫的孩子们也深受影响，他们因为凯瑟琳所犯下的罪行而被人指指点点，一直活在母亲所带来的阴影之中。凯瑟琳的小儿子在接受采访的时候甚至表示希望母亲赶快死掉，这样他们才能像正常人一样生活。

凯瑟琳在 10 个月大的时候，母亲就去世了，她的父亲只能将她带到南非照顾。在凯瑟琳两岁时，她被送到澳大利亚，与年老的祖父母一起生活。凯瑟琳从小就是个内向、忧郁的女孩，她没有朋友，也很少笑，总是一个人待着。后来，凯瑟琳与大卫相爱了。在她看来，大卫就是自己的一切，她愿意为大卫做任何事情，哪怕触犯法律。

1969 年 6 月 11 日，凯瑟琳与大卫在盗窃的时候被抓住了，大卫因此被判了 9 个月的刑期，而凯瑟琳因怀孕被判了缓刑。一个月后，两人在法庭上再次见面，这次他们被指控犯有 8 项盗窃罪，最终大卫被判 3 年刑期，凯瑟琳被判缓刑 4 年。

1 年后，大卫重新出现在凯瑟琳面前，他越狱了，他带着凯瑟琳继续疯狂盗窃。3 个星期后，两人再次出现在法庭上接受审判，这次他们的罪名是 53 项偷窃、非法入室、非法驾驶机动车等罪名。警方提供了大量的物证，例如衣服、假发、床上用品、收音机、食品、书籍、雷管等，这些都是二人偷盗来的。在法庭上，凯瑟琳表示她知道自己犯了错，她也不想触犯法律，她只是太爱大卫了，想顺从大卫的一切意愿。最终大卫被判了两年半刑期，凯瑟琳被判了 6 个月刑期。

在监狱中，凯瑟琳生下了孩子，孩子一出生就被福利部门带走了。出狱后，凯瑟琳找到了一份保姆的工作，此时大卫正在监狱服刑。或许是远离了大卫的影响，凯瑟琳的生活开始步上正轨，她与雇主的儿子相爱了。

1972 年 5 月 31 日，21 岁的凯瑟琳结婚了。婚后，凯瑟琳生下了一个孩子，但这个孩子在 7 个月大的时候，意外被车撞死了，这给凯瑟琳的心理带来了巨大的打击。虽然之后凯瑟琳与丈夫收养了 6 个孩子，但凯瑟琳一直郁郁寡欢。

后来凯瑟琳的丈夫失业了，家里的经济每况愈下，她只能与 6 个孩子、父亲、叔叔一起挤在政府的廉租房里。每天繁重的家务和拮据的经济状况，让凯瑟琳萌生了抛夫弃子的念头，再加上大卫的蛊惑，最终凯瑟琳决定再也不回家了，她决定做大卫的妻子，与大卫一起生活，并且还冠上了大卫的姓氏，不过两人并未结婚。

大卫看起来虽然身材矮小，但性欲旺盛，平均每天要性交5到6次，而且花样百出。大卫在与凯瑟琳尝试了各种性交花样后，开始厌倦起来，他想要新的刺激，于是与凯瑟琳商量着实施绑架和强奸。

对大卫百依百顺的凯瑟琳自然很配合大卫，后来她还喜欢上了与大卫一起虐待年轻女性，并且从中获得极大的满足感。但是在丹尼斯死后，凯瑟琳开始觉得恐惧和厌倦，她不想继续与大卫一起杀人了。毕竟丹尼斯死得非常惨，大卫直接用斧子劈开了丹尼斯的头颅，这给凯瑟琳造成了相当大的视觉冲击。正因如此，在大卫上班离开后，凯瑟琳不再像以前那样对被害人严加看管，凯特也因此获得了逃命的机会。

1986年11月12日，大卫和凯瑟琳接受了审判。在面对检察官的指控时，大卫和凯瑟琳表现得很麻木，没有表情，也没有要求请律师。

1987年2月10日，大卫和凯瑟琳被送到珀斯最高法院接受第二次审判。在法庭上，大卫表现得很正常，他平静地承认了自己的罪行，在面对检察官的指控时也很安静。而凯瑟琳的表现却出人意料，她在刚出庭的时候表现得尖酸刻薄，拒绝别人碰她，甚至还朝警察吐口水，直到看到大卫后，凯瑟琳才安静下来。

庭审结束后，安静的大卫终于忍不住颤抖起来。当他被警察押送着走出法庭时，看到了愤怒的人群，他没有害怕，反而将手放在嘴唇上，给了愤怒的人们一个飞吻。接下来，大卫和凯瑟琳要接受第三次审判。

1987年3月3日，大卫与凯瑟琳再次出现在珀斯最高法院的法庭上。其间，大卫与凯瑟琳一直牵着手。当听到警方描述他们犯下的残忍罪行时，两人相视一笑开始聊天，好像审判与他们毫无关系。最终，大卫和凯瑟琳被判处终身监禁，终身不得申请假释。

在监狱里，大卫的日子过得很艰难。与女监不同，男监里充满了暴力，大卫经常遭到狱友的毒打，为此大卫曾多次想要自杀，最后大卫被转移到另外一个监狱。

起初，大卫还有权利与凯瑟琳保持通信，4年后，大卫与凯瑟琳被禁止接触，他们不能相互写信以诉思念之情，也不能打电话。这对大卫来说无疑是一种精神折磨，他表示自己会被逼得精神崩溃而选择自杀。2005年，大卫在狱中上吊自杀了。由于无人来认领大卫的尸体，狱方只能出面为大卫举办了一个小型葬礼，不过凯瑟琳被禁止参加大卫的葬礼。

【连续盗窃与性犯罪】

大卫有一个糟糕的童年，他的父亲是个酒鬼，母亲则是个行为不检点的人，在这样的环境下长大的大卫，早早地就走上了违法犯罪的道路。他很早就开始频繁进出监狱，所犯的罪行大多是入室盗窃，后来大卫有了一个忠诚的帮手——凯瑟琳。与大卫之前所犯下的盗窃罪相比，他之后所犯下的强奸杀人罪要严重得多。那么，通过连续盗窃是否可以预测到他后来所犯的严重罪行呢？

所谓入室盗窃，就是在没有征得主人许可的情况下入侵他人的住宅。大多数的盗窃行为是为了获得财物，但如果是连续盗窃且所盗物品并非为了满足个人的使用需求，那么盗窃行为更多是为了获得心理上的满足。有的盗窃犯在破窗或破门而入的那一刻，会体验到性高潮的感觉。

对于这类实施盗窃的罪犯来说，每次盗窃之前他都会感到紧张，而盗窃时会有一种愉悦、满足的感觉，甚至还会有性方面的动机。大卫在实施入室盗窃的时候，会偷取一些没有金钱价值的物品，例如假发。研究发现，如果一个性犯罪人有盗窃前科，那么他的盗窃行为极有可能会发展成为性侵以及杀人。

与大卫相比，凯瑟琳的童年虽然不幸，但好歹在一个正常的环境下长大。在研究此案的精神病医生看来，凯瑟琳完全附属于大卫，她自己不会有杀人的念头，也不会去主动杀人，她不像大卫一样是个杀戮狂，她只是一个依赖者，完全依赖于大卫，在精神上完全被大卫所控制。例如，凯瑟琳在法庭上对大卫表现出了让人难以置信的爱恋，她会时不时地爱抚大卫的手臂。就连法院的精神病学家看到此景也十分惊讶："这是我职业生涯中看到过的最严重的个人依赖。"

尽管如此，凯瑟琳依旧要为自己的罪行负责，况且她对自己的罪行毫无愧疚之意。在与警方一起挖掘被害人尸体的时候，凯瑟琳与大卫一样，没有表现出任何愧疚之意，反而十分享受成为大家关注的焦点。对于为什么要协助大卫杀人，凯瑟琳表示，她只是想知道自己的内心有多强大，而且她愿意死心塌地地为大卫做任何事情，从而让大卫高兴。

Criminal Psychology

DNA 证据在美国的首次使用——

蒂莫西·斯宾塞

1987 年的感恩节刚过去不久,阿灵顿的警方就接到了一个报警电话。报警者说,他担心自己邻居家出了事,因为他看到邻居家卧室的窗户大开着,被呼啸的寒风吹得乱响,看起来好像就要碎了,当时的天气十分寒冷,没有人会在这么糟糕的天气里还开着窗户。

警方按照报警者所提供的地址来到了一户人家的门前,警察们发现房门并没有关闭,而是虚掩着,于是就推开房门走了进去。刚进入房间,警察就看到地上扔着一个女式钱包,这让警察有了不好的预感,于是就大声喊道:"有人吗?有人在家吗?"没有一个人回答。

当警方走进了卧室时,看到了一幕恐怖的场景:床上有一具已经严重腐烂的女尸,尸体脸部朝下趴在床上,双手被绑在后背,双脚也被捆住了。警方立刻意识到这很有可能是一起强奸杀人案,于是赶紧与被害人的丈夫取得了联系。

被害人名叫苏珊·塔克,44 岁,是一位编辑,在美国林业服务局工作。据她的丈夫雷奇·塔克说,苏珊是一个很温柔的女子,说话时总是轻声细语的,在雷奇看来温柔正是妻子身上与众不同的独特魅力。

雷奇与苏珊之间的感情非常好,他们从来没有吵过架。除了上班,雷奇与苏珊很喜欢待在家里,他们会一起去超市买东西,然后一起回家做饭、洗碗。周末的时候,他们还会一起出去郊游。有时候,如果雷奇到外地出差,他们每天都会通电话,而且会聊很长时间。在雷奇看来,苏珊是他最爱的女人,他一直很感谢上帝将苏珊带进他的生活。

苏珊被害时，雷奇正好在威尔士出差。在威尔士时，雷奇每天早上和晚上都会给苏珊打电话。就在工作快要结束的时候，雷奇没有打通苏珊的电话，这让雷奇很担心，他的精神状态也非常不好，在同事喊他出去玩的时候，雷奇都神情恍惚地拒绝了。雷奇很担心苏珊，他一直在想苏珊为什么不接电话，他猜想苏珊很可能是得了重病。

就在雷奇打算买机票回家的时候，他的电话响了，他以为是苏珊打来的，但没想到电话那头是个男人的声音，对方说他是阿灵顿的警察，他告诉雷奇苏珊出事了，被人强奸并杀死，警察让雷奇赶紧回来。这个消息对雷奇来说无异于晴天霹雳，他一下子就愣住了，整个人的灵魂好像被抽走了。等他缓过神儿来后，他对失去此生挚爱这个事实感到悲伤不已，他觉得自己的人生就要崩溃了。

乔·霍格斯警探是阿灵顿警察局凶杀组的负责人，他被任命接手调查苏珊被害案。霍格斯在对案发现场进行了一番检查后，得出一个结论：凶手很狡猾、谨慎，想要将凶手抓住是一件非常困难的事情。

在案发的当天晚上，天气十分糟糕，一直下着雨，但是警方并未在屋内的地面上发现凶手的脚印。这说明，凶手在作案后小心谨慎地对案发现场进行了清理，将自己的脚印清除掉了。由此可见，凶手知道警方会提取脚印，从而追查到真凶。这说明，凶手是个入室抢劫的老手，十分有经验。此外，霍格斯并未在屋内发现任何指纹，凶手作案时极有可能戴着手套。而且霍格斯发现屋内的许多抽屉都有被打开、翻找过的痕迹，这说明凶手在塔克家停留了很长时间。

　　之后，警方开始认真检查床单、睡衣以及覆盖在苏珊尸体上的大睡袋，企图从上面找到血液或精液的痕迹，并对其进行采样。后来警方从苏珊尸体下的褥子、洗手间的马桶、晾在屋外晒衣绳上的毛巾上，找到了一些毛发。这些毛发后经证实既不属于苏珊，也不属于雷奇，极有可能是凶手的。最后警方还采集了地下室被打碎的窗户玻璃的碎片。

　　法医对送来的床单、睡衣和睡袋一一进行了检测，一共发现了 4 处精液的痕迹，尤其是在睡袋上，有一块非常大的精液痕迹。后来法医从精液中检测出了血型以及 P-G-M 酶图谱。当 DNA 被解析出来后，法医就可以将 DNA 切成碎片，从而产生图谱。但这并不能成为寻找凶手的线索，因为 13% 的人都具有这样的血型和图谱。

　　法医还将案发现场所发现的毛发放在显微镜下进行了分析和检测。通常情况下，法医可以根据毛发的特点判断出毛发是来自白种人、黑种人还是黄种人。最后法医得出了结论，毛发是阴毛，既不属于被害人，也不属于她的丈夫，是一名黑人的。

　　当霍格斯看到勒死苏珊的绳子以及绳子结扣的样子后，忽然觉得很眼熟，似乎在哪里见过。后来，霍格斯想起来了。3 年前，在距离苏珊住所 4 个街区外也发生过一起强奸杀人案，被害人是 34 岁的法官卡罗琳·哈姆。只是这起命案早就结案了，一个名叫大卫·瓦斯奎兹的男人承认自己是凶手，并被判处了 35 年监禁。

卡罗琳被害案与苏珊被害案有许多相似之处，不得不让霍格斯相信这两起凶杀案是同一人所为。如果霍格斯的猜想是对的，那么大卫就不是杀害卡罗琳的凶手，真凶依旧逍遥法外。

在卡罗琳被害案中，凶手以同样的方式从地下室的窗户进入卡罗琳的住所，卡罗琳同样遭受了强奸，最后被勒死，她的双手和双脚都被捆绑住，而且绳子都是从软百叶窗帘上拆下来的，所打的结扣也相似。

当得知在苏珊家里所发现的毛发属于一个黑人时，霍格斯立刻就想到了在卡罗琳被害期间，附近发生了多起入室抢劫和强奸案，至今这个强奸犯依旧没有被抓住。根据被害人的反映，强奸犯是个黑人男性，头戴面罩，带着一把刀闯入住宅，然后进行抢劫和强奸。

霍格斯找到了大卫，并与他交谈了很长时间。起初，霍格斯以为大卫是帮凶。但随着交流的深入，他发现大卫只是一个替罪羊，大卫对卡罗琳被害案的细节一无所知，他断定大卫一定不是杀死卡罗琳的凶手。

此时霍格斯意识到，自己正面临着一宗十分复杂的案件，他甚至不知道该如何着手调查。就在这时，霍格斯得知 100 英里 ① 以外的弗吉尼亚州的里士满警方正在调查一起连环杀人案，凶手的作案手段与苏珊被害案十分相似。

第一个被害人是 35 岁的黛比，她居住在南里士满的一栋公寓里。后来黛比被人发现死在了自己的公寓里，她生前曾遭受强奸，最终被勒死。

---

①1英里约等于1600米。

两周后，里士满又发生了一起相似的入室强奸杀人案，这是第二名被害人。她是一名 15 岁的少女，被家人发现死在了自己的卧室里，当她被强奸和勒死的时候，她的家人正在熟睡。

不久之后，里士满再次发生了一起相似的入室强奸杀人案。与之前两名被害人一样，她被捆绑住双手和双脚，遭受了强奸并被勒死。就连结扣的方式都与之前两名被害人以及苏珊被害案一模一样。

霍格斯得知这 3 起凶杀案的细节后，立刻认定杀死里士满的这 3 名女性的人就是杀死苏珊和卡罗琳的凶手。但是里士满警方却并不认同霍格斯的看法，他们认为这 3 起凶杀案就发生在方圆几英里内，凶手应该是里士满本地人。

尽管霍格斯认为自己的猜测是正确的，但他根本无法向里士满警方提供一个嫌疑人，霍格斯此时也毫无头绪。为了获得更多的破案线索，他决定向弗吉尼亚州亚匡恩提科市美国联邦调查局的行为科学部寻求帮助，想要了解凶手的犯罪动机。而里士满的警方也有此意。

FBI 的行为科学部曾调查研究过数百名连环杀手，并总结出了连环杀手在心理上的相似点，在破案时可以推测出凶手的许多重要特性，例如凶手的性格特征，从而协助警方破案。

经过分析，FBI 的行为科学部得出了一个结论：凶手的年龄在 18 岁到 30 岁之间，是个安静、孤僻的人，他所从事的工作很简单，薪水微薄。此外凶手与母亲之间的关系应该很紧张，他的第一次犯罪行为应该是纵火。

凶手在实施自己的第一次犯罪时，会将地点选择在自己熟悉的地方，例如工作场所或住所附近，因为罪犯的首次犯罪需要在放松的心态下进行，而熟悉的地方可以让他感觉到放松。每个人在自己熟悉的地方都会感到放松，例如每当回到家里时，我们就会感到格外的舒适和轻松。

凶手所选择的杀人方式是用绳子勒住被害人的脖子，他很享受被害人因死亡而恐惧不已的样子。他为了听到被害人乞求饶命的惨叫，会时不时地将绳索松开，对方越是恐惧、痛苦，他就越快乐、兴奋。

由于案发现场的床单、睡衣、睡袋上发现了凶手的精液样本，尤其是覆盖在苏珊尸体上的睡袋上面有大片的精液，由此可见凶手一定对着被害人进行了手淫，至于是在被害人活着时还是死后进行了手淫，还无从得知。

1986 年，英国首次在刑事案件中将 DNA 作为重要证据，将一名强奸并杀害了两名 15 岁少女的面包工人送进了监狱。在 1987 年，美国在刑事案件中对于 DNA 证据的使用还处在萌芽阶段，这还是一项新的被应用在刑侦中的技术，但霍格斯决定用 DNA 检测技术揪出真凶，他将苏珊的睡衣送到了纽约的生物密码实验室，上面有凶手的精液。

虽然霍格斯对 DNA 检测技术抱着很大的希望，但检测人员却很担心他送来的精液样本是否已经降解或污染。检测人员最害怕的事情还是发生了，被送来的精液样本已经被污染了。为了对精液样本进行比对，检测人员只能进行区分，最后他们从精液痕渍中分离出了白细胞，并对其进行了化学剂处理，解析出 DNA，得到了一束由复杂分子细胞组成的黏稠物。

最后，检测人员会将解析出的 DNA 制成"照片"。具体过程就是将 DNA 切成碎片，从而产生图谱，然后将图谱放在 X 线胶片上。想要知道两个 DNA 是否属于同一人，只需要将 DNA 的"照片"进行比对即可，如果两个 DNA 组成相同，那么就是一个人的 DNA。检测人员将苏珊被害案中凶手的 DNA 与里士满连环命案中凶手的精液 DNA 进行比对，结果发现两个 DNA 的图谱一模一样，这验证了霍格斯的猜测，两地所发生的凶杀案是同一人所为。如果霍格斯能找到嫌疑人，将嫌疑人的 DNA 与这两个 DNA 样本进行比对，就可以证明嫌疑人是否是真凶。

霍格斯在等待 DNA 检测结果的时候，一直根据 FBI 行为科学部所提供的线索在寻找嫌疑人，他来到了蒙面强奸犯第一次犯下强奸罪的地方，这个地方名叫翠谷。按照 FBI 所提供的线索，罪犯在第一次犯罪时通常会在自己住所附近下手，那么蒙面强奸犯就一定住在附近。

霍格斯一边开着车在翠谷行驶，一边思考着自己过去曾抓过的年轻黑人罪犯，他的脑海中突然闪现出了一个黑人男子的样子，但他却怎么也想不起那个人的名字来。最后霍格斯终于努力回忆起了那个人的名字，他叫蒂莫西。霍格斯记起了蒂莫西的样子、住所以及他的情况，还有蒂莫西被捕的大概时间，但就是想不起蒂莫西姓什么。根据霍格斯所提供的线索，警察们开始翻查卷宗，寻找符合特征的嫌疑人，最终一个名叫蒂莫西·斯宾塞的黑人男子被警方锁定了。

卷宗资料上显示，在 1984 年 1 月 29 日，也就是卡罗琳尸体被发现的第四天，斯宾塞因抢劫罪被捕，并被判处了 5 年监禁。斯宾塞在警察局留下了大量的案底，他从十几岁开始就不停地触犯法律，所犯的罪行大多是抢劫。不过斯宾塞的第一次犯罪却是纵火，当时他将母亲的汽车点燃了。

随着调查的深入，霍格斯发现了一条令他兴奋的线索。斯宾塞提前释放后，就住进了里士满的一个小旅馆中，这家小旅馆距离里士满连环凶杀案的发生地很近。根据小旅馆的记录，在感恩节期间，斯宾塞曾离开过旅馆，他说自己要去阿灵顿看望母亲，他母亲的住所距离苏珊的家只有不到 1 英里，也就是在那段时间，苏珊被人杀害。

1988 年 1 月 20 日，警方拘捕了斯宾塞，并开始采集斯宾塞的血样和毛发，还没收了斯宾塞的衣物。警方从斯宾塞的衣物上刮取了一些附着物，并将这些附着物放在显微镜下进行观察，结果发现了一些碎玻璃碴，警方怀疑这些碎玻璃碴就来自苏珊家中，于是就将碎玻璃碴送去进行分析比对。分析比对的结果显示，斯宾塞衣物上附着的碎玻璃碴就来自苏珊家的窗户。而且，斯宾塞的家人无法说出案发时斯宾塞到底在哪里。

后来，DNA 比对和毛发比对的结果也出来了。其中毛发比对结果显示，苏珊家发现的 7 根毛发与斯宾塞的一致。DNA 比对结果显示，斯宾塞的 DNA 图谱与证据 DNA 的图谱一致。

1988 年 7 月 11 日，斯宾塞被送上法庭接受审判，他也因此成为美国历史上第一个因 DNA 证据被判处死刑的人。陪审团用了不到 7 个小时，就做出了决定，陪审团一致认定斯宾塞犯有强奸杀人罪，应被判处死刑。1989 年 1 月 4 日，曾经因杀害卡罗琳而获罪的大卫被无罪释放，他此时已经在监狱里待了 5 年。

【纵火与连环杀手】

与斯宾塞一样，许多连环杀手都有过纵火的经历，不少连环杀手还会连续纵火，在纵火之后就会出现更为严重的暴力行为，例如抢劫、强奸，甚至是杀人。为什么连环杀手在犯下严重的罪行前，都喜欢纵火呢？

纵火通常意味着破坏，例如斯宾塞纵火烧毁了母亲的汽车，但纵火行为背后还有更深层次的心理因素。纵火者可以通过纵火这种方式来操控他人的生命和财产安全，他会感觉这一切都在自己的掌控之中，从而产生兴奋感。斯宾塞年少时与母亲的关系并不好，于是他就通过纵火的方式来破坏母亲的财产，从而会觉得自己在与母亲的斗争中取得了胜利。

对于像斯宾塞这样的连环杀手来说，纵火虽会给他带来掌控感，但他却不会仅仅满足于此，当他不再纵火时，就说明他停止纵火犯罪了，他已经开始实施其他类型的犯罪了，例如抢劫、强奸或杀人，因为他发现了比纵火更有意思、更刺激的事情，不过这些罪行会给他人带来更严重的伤害。

Criminal Psychology

守候在高速公路上的毒蜘蛛——

艾琳·沃尔诺斯

1989 年 11 月，净水用品商店的老板、51 岁的理查德·马洛里失踪了。起初商店的店员并没有因老板的失踪而起疑心，理查德是个酒鬼，很喜欢外出喝酒，经常发生醉酒未归的情况。

几天后，理查德依旧没有出现，有人倒是告诉店员在一处沙滩上发现了理查德的汽车。后来店员去查看了汽车，里面空无一人，店员感觉不对劲儿，于是报了警。警方在对汽车附近的沙滩进行搜查的时候，只找到了理查德的钱包和一些个人物品，还有几个避孕套和半瓶酒。

12 月 13 日，警方在沙滩附近的丛林中找到了理查德的尸体。他的胸部有 3 个枪眼，除此之外尸体毫发无损，甚至连衣服都好好地穿在身上。弹道分析结果显示，凶器是一把点 22 口径的手枪。

1990 年 6 月 1 日，有人在沙滩的树林中发现了一具全身赤裸的男尸。死者是 5 月份失踪的大卫·斯皮尔斯，身中 6 枪而亡。不久之后，大卫的汽车在 75 号公路上被发现，车门没有上锁，车牌也丢了。杀死大卫的也是一把点 22 口径的手枪。

很快，这条公路上再次发现了一具男尸，死者身中 9 枪而亡，是失踪的 40 岁的查尔斯·卡斯卡登。与之前两名被害人一样，查尔斯也是被一把点 22 口径的手枪杀害的。

7 月份的一天，警方接到一名司机的报案，他告诉警方自己在公路上休息的时候看到了两名形迹可疑的女子，她们在车顶上喝酒，还将酒瓶扔到了树林里，他注意到其中一个金发女人的手臂上有血迹。后来警方在路边找到了被两名女子丢弃的车，这辆车的主人皮特·西梅恩在 6 月 7 日失踪，此外车内还有几处血迹。在目击司机的描述下，警方画出了两名女子的画像，并将她们当成重要嫌疑人进行搜捕。

8 月 4 日，一户人家在树林里野炊时发现了一具腐烂的尸体。尸体的手指上戴着一枚婚戒，一名女子通过这枚婚戒认出了这是自己的丈夫特洛伊·布鲁斯，布鲁斯在 7 月 30 日就失踪了。失踪的当天早上，布鲁斯告诉妻子，他要开车到外地送货。直到第二天，布鲁斯都没有回来，于是他的妻子就报了警，后来警方找到了布鲁斯的卡车，上面的车牌丢了。与之前的被害人一样，布鲁斯中枪而亡，一处枪伤在胸前，另一处在后背。

9 月 10 日，警方接到一位女士的报案，她说自己的丈夫迪克·汉弗莱失踪了。失踪前，迪克还与妻子一起庆祝了结婚 35 周年的纪念日。两天后，迪克的尸体被找到了，他的身上共有 7 处枪伤。

10 月份，第七名被害人沃特·吉诺的尸体被人发现，他身中 4 枪而亡，他既是个司机，也是一名警察。

佛罗里达州马里恩县犯罪调查组的斯蒂文·别里奇发现，这一系列凶杀案有许多共同点，例如被害人都是被枪杀，而且被害人都是较为年长的男性。斯蒂文猜想，凶手一定是个伪装成搭车者的人，在上车后，趁着司机不备开枪将其打死。在凶杀案刚发生后不久，警方就对外公开警告司机不要随意搭载陌生人，但还是有司机被枪杀的案件发生，斯蒂文认为凶手一定不具有威胁性，考虑到之前目击者所看到的两名可疑女子，斯蒂文得出一个结论，凶手一定是女人。

截至 12 月中旬，警方收到了不少目击者所提供的线索，许多线索都指向了两个女人。其中一名目击者说，警方所通缉的两名女人和之前在她汽车旅馆里打工的两个女人十分相像，她们一个叫泰瑞亚，一个叫苏珊。另一个目击者告诉警方，画像上的两个女人曾在他那里买过一辆车，她们分别是泰瑞亚和格林，而且他还透露，那两个女人是一对同性恋情人，其中名叫格林的女人明显处于支配地位，她十分健谈，是个专门搭车的妓女。

警方在调查泰瑞亚、苏珊和格林这三个名字时发现，泰瑞亚没有犯罪记录，只在 1983 年被指控私闯民宅，之后指控就被撤销了；苏珊则因超速行驶被处罚；格林则没有在警察局留下任何记录，而且苏珊和格林明显不是同一个人。

后来警方在当地的当铺里找到了被害人理查德的照相机和雷达探测器，根据当铺的登记记录，前来典当的人是一个名叫格林的女人。警方又在当铺所提供的证据上采集到了格林的指纹。当警方将这枚指纹与被害人皮特车上遗留下的血手印的指纹进行比对后，发现两枚指纹属于同一个人，这个女人名叫劳拉·格罗迪。当警方将劳拉的指纹送到国家犯罪中心的数据库进行交叉比对时，锁定了一个名叫艾琳·沃尔诺斯的女人，她有过偷窃的案底，而劳拉、苏珊和格林等名字都是沃尔诺斯掩人耳目所选择使用的假名字。

1991 年 1 月 5 日，沃尔诺斯在一家酒吧内被警方逮捕。被逮捕后，沃尔

诺斯一直声称自己对这一系列凶杀案一无所知，最关键的是，警方并未找到沃尔诺斯的作案工具，根本没有证据指控她，于是警方开始寄希望于抓捕泰瑞亚，希望能从她身上打开突破口。

1月10日，警方在宾夕法尼亚的皮茨顿找到了泰瑞亚。泰瑞亚告诉警方，当她看到艾琳开着理查德的车时，就起了疑心。当时艾琳说她杀人了，泰瑞亚立刻打断了艾琳，她不想知道那么多的案情，她担心自己会忍不住向警方举报艾琳。后来艾琳向她保证，永远都不会伤害她。

泰瑞亚很担心警方会将自己当作杀人犯，也很担心家人的生活被警方所干扰，于是就答应了警方的要求，主动和艾琳联系，劝她主动交代罪行。她们之间的谈话都被警方录了下来。不过沃尔诺斯很狡猾，她知道警察在监听和录音，所以她总是在不停地向泰瑞亚暗示，警方手中毫无证据，让泰瑞亚不要担心。随着泰瑞亚打电话的次数越来越多，沃尔诺斯似乎失去了耐心，她也越来越不注意自己的用词，说的话也越来越直白，最后她直接让泰瑞亚举报自己，还保证自己会承担下所有的罪行，不会连累泰瑞亚进监狱。

1月16日，沃尔诺斯开始主动向警方交代罪行，她承认所有的谋杀都是自己一人所为，与泰瑞亚没有任何关系。她告诉警方，第一次杀人完全是自卫行为。沃尔诺斯说她是在路边招揽生意时遇到了理查德，两人谈好嫖资后，沃尔诺斯就上了车，后来理查德将车开到了一片树林中。当两人发生了性关系后，理查德却不肯付账，还企图抢走沃尔诺斯的钱包，被激怒的沃尔诺斯直接掏出手枪朝着理查德开了枪。理查德被杀死后，沃尔诺斯将他的尸体扔在了树林中，开着他的车离开了。

当沃尔诺斯的辩护律师得知她主动交代罪行后，十分生气。沃尔诺斯反而显得很坦然，她对辩护律师说，自己是罪有应得，既然那些警察想要她的命，她就主动坦白一切。

后来沃尔诺斯告诉警方一个地址，那是一间仓库，里面有许多可以证明沃尔诺斯罪行的证据，例如被害人的物品。

1992 年 1 月 14 日，沃尔诺斯因谋杀理查德而接受审判。在法庭上，沃尔诺斯坚称自己是正当防卫，她提出了与之前不同的说法。她说当自己和理查德来到树林后，理查德突然用绳子勒住了她的脖子，还说他没钱，要沃尔诺斯乖乖听话。之后沃尔诺斯被理查德用绳子绑住，遭受了强奸。后来理查德将绳子解开，并让沃尔诺斯躺在地上，沃尔诺斯以为理查德要杀了自己，于是开始反抗，并从包中拿出手枪朝着理查德开了枪。面对沃尔诺斯新的说法，警方表示理查德从未留过案底，因此沃尔诺斯的说法不可信。

1 月 27 日，法官宣布，沃尔诺斯一级谋杀罪名成立，判处死刑。这项判决结果直接将沃尔诺斯激怒了，她大喊道："我被他强奸了！我是无辜的！我祝你也被强奸！你这个垃圾！"

3 月 31 日，沃尔诺斯因谋杀其他 3 名被害人接受审判。在法庭上，沃尔诺斯爽快地承认这 3 个人都是被她杀死的，她就是一个十恶不赦的杀人犯，杀人和抢劫就是她的营生。不过她还提到了理查德，她坚持说自己遭到了理查德的强奸，然后才开枪杀死了他。说完这些后，沃尔诺斯朝着控方说："祝你的老婆和孩子也会被人强奸。"最终，沃尔诺斯被判处了 3 项死刑。

截至 1993 年，沃尔诺斯被判处了 6 项死刑，不过她涉嫌杀死 7 个人，由于被害人皮特的尸体一直没有被找到，警方无法起诉沃尔诺斯。

1996 年，沃尔诺斯向最高法院提起了上诉请求，随后她的请求被驳回。2001 年，沃尔诺斯宣布，她不会再上诉，而且要求法院撤掉指给她的律师，她渴望能尽快执行死刑，因为生命对她来说已经没有了意义。她想要在真相大白之后，能心无愧疚地去见上帝。

沃尔诺斯在监狱里的生活很痛苦，作为一个连环杀手，狱警们对她看管得很严格，常常会对她进行裸体搜身，用手铐将她铐紧，还会频繁检查她的牢房。据沃尔诺斯反映，狱警们还常常往她的饭食上吐口水、用不干净的餐具给她盛饭、将饭食和便桶一起送进来。

2002 年 10 月 9 日，沃尔诺斯被处死，她拒绝了监狱所提供的最后一餐的服务，只要了一杯咖啡。

1956 年 2 月 29 日，沃尔诺斯出生在一个支离破碎的家庭里。她的父亲利奥·戴尔·皮特曼是个恋童癖，因强奸和试图谋杀一名 7 岁女孩被捕，后来被诊断患有精神分裂症，在监狱里上吊自杀了。沃尔诺斯的母亲黛安·沃尔诺斯在 15 岁时就嫁给了戴尔，并生下了沃尔诺斯和她的哥哥凯斯。

在父母离婚后，沃尔诺斯和凯斯一起跟着母亲生活。4 岁时，黛安离开了沃尔诺斯和凯斯，从那以后她就与哥哥一起生活在外祖母家。

表面上看起来，沃尔诺斯过着正常的生活，但实际上她一直饱受外祖父的虐待。沃尔诺斯说，她的外祖父是个酒鬼，每次喝醉后都会叫她脱光衣服，然后开始殴打她。而且她还和哥哥凯斯发生过性关系，不过凯斯已经因病去世，沃尔诺斯的说法并未得到证实。

沃尔诺斯从 11 岁起就开始通过出卖肉体获得香烟、毒品和食物。12 岁时，沃尔诺斯知道了自己的身世，从那以后她变得更加堕落。

14 岁时，沃尔诺斯因怀孕被迫离开学校，她是在被外祖父的朋友强奸后有了身孕。不久之后，沃尔诺斯的外祖母就因肝病去世了。沃尔诺斯生下孩子后不久，孩子就被外祖父送走了，外祖父包括其他家人都觉得沃尔诺斯未婚就生下一个孩子，是一件很羞耻的事情。

就在这时，已经失踪了很长时间的母亲黛安突然出现了，她想让艾琳和凯斯搬到得克萨斯州和她一起生活。沃尔诺斯没有接受母亲的好意，而是独自到社会上讨生活，成了一名站街女，以搭便车的名义寻找嫖客。此时的沃尔诺斯年仅15岁。为了防止被警察抓住，沃尔诺斯常常使用假名，还经常跨州寻找嫖客，没有固定的住所，经常在树林里安家。

18岁时，沃尔诺斯因酒驾在科罗拉多州被巡警抓到。除此之外，警方还发现沃尔诺斯曾用一把点22口径的手枪朝公路上的过往车辆射击。

20岁时，沃尔诺斯与69岁的路易斯·弗尔结婚，路易斯在佛罗里达州一家游艇俱乐部工作。婚后不久，路易斯就发现沃尔诺斯身上有许多毛病，比如她经常去混乱的酒吧，还经常袭击他人。最糟糕的是，沃尔诺斯花钱大手大脚，每当路易斯不给她钱时，她就会殴打路易斯。在遭受了几次家暴后，路易斯只能向法院申请限制令。这段婚姻维持了9周后，随着沃尔诺斯再次因袭击罪入狱而结束，路易斯提出了离婚。

出狱后，沃尔诺斯被告知她将要继承一笔遗产，这是1万美元的保险金，因为她的哥哥凯斯因食道癌去世了。两个月后，沃尔诺斯将这笔钱花光了，她只能继续到公路上寻找嫖客。

1981年，沃尔诺斯因抢劫罪被捕。两年后，她刑满释放，但很快再次入狱，这一次的罪名是伪造支票。在之后的几年内，沃尔诺斯在监狱里进进出出，所犯罪名包括偷窃、拒捕、抢劫、超速、用假名干扰警方办案，等等。

1986年，沃尔诺斯在一家同性恋酒吧认识了24岁的泰瑞亚·摩尔。两人很快就发展成了恋人关系，并开始了同居生活。后来，泰瑞亚辞去了在旅馆做服务员的工作，两人的生活全靠沃尔诺斯一人卖淫所得来支撑。很快，两人的生活就常常因入不敷出而不得不节衣缩食。与此同时，沃尔诺斯经常因袭击他人而入狱，甚至还私闯民宅，破坏他人的财物。

当沃尔诺斯杀死了理查德之后，就开始以搭便车的名义在高速公路上拦截车辆，她将司机杀死，然后将司机的个人财物据为己有。死在她枪下的一共有7名男子，她就好像一只毒蜘蛛，守候在高速公路上等待猎物。

【不寻常的女性连环杀手】

沃尔诺斯并不是美国历史上第一个女性连环杀手，但她却是最特别的女性连环杀手，她的作案方式以及目标人物都与其他女性连环杀手不同。通常情况下，女性连环杀手会选择丈夫或孩子下手，或者选择老弱病残的人下手，因为这样比较容易得手，但沃尔诺斯杀死的7名男性却都是陌生人。此外，沃尔诺斯的作案方式也很暴力，她直接采用了开枪射杀的方式，其他女性连环杀手通常会选择下毒，而不是采用直接攻击的方式。

沃尔诺斯的作案方式有一个十分显著的特点，她的杀人动机与众不同，既不是为了获得性高潮，也不单纯是为了金钱。被沃尔诺斯杀死的7名男性中，排除那个没有找到尸体的皮特，其他6名被害人都身中数枪而亡，并未遭受折磨，尸体也没有被损毁。显然沃尔诺斯的杀人动机与性无关。虽然沃尔诺斯会将被害人的财物拿走，但她杀人并非单单为了钱。许多女性连环杀手杀死丈夫或孩子，或者找老幼病残下手，都是为了得到钱，并且这些对象很容易得手。

愤怒和报复是沃尔诺斯作案的主要动机，她所杀害的男人都比较年长，她一直憎恨着年长的男性，因为她从小被外祖父性虐待，还遭到了外祖父朋友的强奸。

Criminal Psychology

热心司机的死亡陷阱——

伊凡·米拉特

1992 年 9 月 19 日，星期六，澳大利亚比兰加洛地区的两名男子在国家森林公园里跑步时突然闻到了一股难闻的恶臭。他们带着好奇心寻找恶臭的源头，本以为是一头腐烂的动物，却在一个土堆下看到了一具高度腐烂的尸体，还有一些衣服、一双鞋子和大量的人骨。

警方赶到后立刻对附近进行了搜查，第二天在距离第一具尸体发现地 30 米左右的地方发现了另一具尸体。两名死者都是女性，两具尸体上都有非常严重的刀伤，其中一具尸体被刺了 14 刀，刀刀致命，另一具尸体的头盖骨上有 10 个弹孔。

发现无名女尸的消息立刻在澳大利亚乃至整个世界传播开来，许多欧洲家庭纷纷主动与比兰加洛地区的警方联系，想确认被害人是否是他们的孩子，他们的孩子在去澳大利亚旅行后就失踪了。

经过牙齿鉴定，两名死者来自英国，分别是乔安妮和卡罗琳，在 1991 年来澳大利亚自由行之后失踪。

在二十世纪八九十年代，澳大利亚吸引了大量的欧美年轻人，他们要么是刚刚高中或大学毕业，要么是准备在工作之前体验一下自由生活。由于没有稳定的收入，许多年轻人都会在旅行过程中搭便车，从而省下路费，他们因此被称为"背包客"。

对于欧美背包客来说，澳大利亚就是天堂，有不少专门为背包客准备的旅店，有些背包客就是在旅店相遇，然后一起开始结伴而行。乔安妮和卡罗琳就是在旅店认识的，并很快成为好朋友。乔安妮是个很喜欢旅行的年轻姑娘，自然不会错过澳大利亚；而卡罗琳则因为从小观看澳大利亚的电视剧，对澳大利亚充满了向往，于是在1991年来到了澳大利亚。她们万万没有想到，自己会在搭便车的过程中遇到一个恶魔，这个恶魔只想取走她们的性命。警方注意到乔安妮的两只手上还戴着珠宝首饰，显然凶手并不是为了劫财。

法医在对两名死者的尸体进行了检查后发现，乔安妮身上的衣服十分凌乱，衬衫被拉到胸部以上，牛仔裤的拉链被拉开，身上没有穿内裤和袜子，就连案发现场也没找到乔安妮的内裤和袜子，警方怀疑乔安妮很有可能遭受了性侵，只是尸体腐烂严重，法医无法确定她是否被性侵，至于乔安妮的内裤，应该是被凶手拿走当作胜利品收藏了。而卡罗琳被枪杀的时候，应该是被迫跪在地上，她生前可能遭受了凶手的侮辱，她的衣服和内衣都被人撕开了。

在卡罗琳尸体的附近，警方找到了一些子弹弹壳，这些子弹分别是从左、右、后三个不同的方向射出的。后来警方利用金属探测器在泥土里找到了一些弹头，凶手很可能在朝着卡罗琳的头部进行射击的时候，把一些子弹射进了泥土里。子弹上有一些很轻微的痕迹，是使用消音器留下来的。此外警方没有在案发现场找到乔安妮和卡罗琳的露营设备，很有可能是被凶手拿走了。

几周后，警方的调查工作几乎毫无进展，于是警方就向精神科医生罗德·密尔顿博士寻求帮助。密尔顿博士认为凶手不止一个人，应该有帮凶，他们心理变态，十分喜欢虐杀年轻女子；凶手的年龄应该在30岁左右，对国家森林公园十分熟悉，且有犯罪前科。

警方猜测，一定有其他的背包客遇到过凶手，为了征集线索，警方立刻与多个国家的电视媒体取得联系，希望能通过报道该案寻找目击者。身在英格兰的一名男子保罗看到报道后，立刻想起了自己在1990年1月去澳大利亚旅游时差点死在了一名"热心"司机手里的经历。

当时保罗在澳大利亚旅游，他想通过搭便车去墨尔本。保罗在路边等了许久，也没有一辆车停下来。后来，一辆四驱车停在了保罗的面前，司机表示他愿意搭载保罗一程，他自称比尔。

一路上，保罗和比尔聊得很开心，他们都对棒球非常感兴趣。但后来比尔的情绪变得越来越暴躁，他将车停下来后，对保罗说要下车去找一些录音带。当时保罗注意到录音带就在车上，他觉得比尔的情绪有些不对劲儿，于是他也跟着比尔下车了，他说在车上坐得太久了，要下车伸展一下四肢。

比尔立刻被激怒了，他拿出一些绳子想将保罗捆绑起来。保罗被吓了一跳，立刻打开车门准备逃走。比尔一边在后面追赶，一边朝保罗的背影开了两枪，幸运的是保罗没有被击中。当比尔追上保罗后，两人就扭打在了一起，保罗之前曾在海军接受过 6 年的训练，所以他很快从扭打中挣脱出来，拼命往公路上跑，在公路上拦截过往车辆。一辆车在保罗面前紧急停了下来，保罗立刻打开车门，进入车后座。车内只有一个女人和两个孩子，保罗冲着女司机奥妮大喊道："赶快走！那个人手里有枪，他要杀了我！"奥妮看到不远处有个男子正在藏东西，于是立刻开车走了，她带着保罗来到了警察局报警。

当时的警察只觉得这是一起普通的抢劫案，在让保罗做了笔录之后，就让他离开了。保罗很快就回国了，从那以后他一直在家里待着，再也没有外出旅游过。1992 年 11 月 13 日，当保罗得知澳大利亚的警方正在为一系列凶杀案征集线索的时候，立刻想到了这个试图杀死自己的男子，于是他拨打了澳大利亚警方提供的收集线索热线电话。但警方每天都能收到成千上万的消息，保罗的线索并未引起警方的重视。

1993 年 10 月，警方接到报案，有人在国家森林公园发现了一块人类的头盖骨。报警者是个制陶工人，名叫布鲁斯。布鲁斯是本地人，当他得知国家森林公园发生的这两起凶杀案后，立刻决定前往森林公园继续搜寻可能未被发现的死者，他有三个女儿，十分理解那些女儿失踪的父母的心理。

每逢周末，布鲁斯都会独自驾驶着汽车去公园里搜查。布鲁斯先发现了一根大腿骨，起初他以为那是袋鼠的大腿骨，但当他拿起来仔细看过后，确认这是人的大腿骨，因为袋鼠的大腿骨上有突出物，人类则没有。于是布鲁斯就在发现大腿骨的地点附近进行搜查，直到他发现了一块人类的头盖骨。

警方在布鲁斯的带领下，来到了发现头盖骨的地方。在之后的搜查工作中，警方找到了两具尸体。死者是一男一女，分别是詹姆士和黛博拉，他们是一对年轻的情侣，从墨尔本来此地旅行后就失踪了。

尸检结果显示，詹姆士的身上一共有 8 处刀伤，上脊椎处有一处非常严重的刀伤，他在受伤后应该立刻就瘫痪了，此外他的背部和胸部也有很严重的刀伤，直接刺穿了他的心脏和肺部。黛博拉的下颚骨则被打碎了，她的头骨上还有两处骨折，她生前应该遭到了凶手的殴打。

詹姆士和黛博拉的死与之前两名被害人的死十分相似，让警方不得不怀疑凶手是同一个人。起初警方将发现头盖骨的布鲁斯当成了嫌疑人，但通过调查后他们排除了布鲁斯的嫌疑。

国家森林公园再次发现尸体的消息立刻被传播开了，许多记者和摄制组都试图进入案发现场，电视台的直升机一直在国家森林公园上空盘旋着。悉尼政府也很重视这起连环凶杀案，毕竟当时悉尼刚刚成功申办奥运会，悉尼的治安是所有人都十分关注的重点。

1993 年 11 月 1 日，警方再次找到了一个头骨。经鉴定，头骨属于来自德国的西蒙尼，她在 1991 年 1 月 20 日失踪。据西蒙尼的母亲反映，西蒙尼失踪前曾与她约好一起去旅行，当时西蒙尼在悉尼，而她在墨尔本，她们约好在墨尔本的机场碰面。但西蒙尼却失踪了，母亲一直等不到西蒙尼的消息，就报了警。在之后的6个星期内，警方只调查到西蒙尼搭乘了一辆车，之后就再也没有消息了。后来西蒙尼的母亲回国了，两年后她终于得到了女儿的消息，却是西蒙尼被害的消息。西蒙尼的尸体很快也被找到了，她的尸体上有8处刀伤，其中两刀切断了她的脊椎，另外几刀直接插入了她的心脏和肺部。

在西蒙尼头骨附近，警方还找到了一些衣服，但并不属于西蒙尼，而是另一名失踪的德国背包客安雅。两天之后，警方找到了两具尸体，其中一具尸体是安雅的，另一具尸体是安雅的男朋友盖伯。这对年轻的情侣也很喜欢旅行，他们将欧洲玩遍了之后，就来到了澳大利亚，在出发前还将目的地告诉了父母。当盖伯的父母得知儿子将要去澳大利亚时，都十分放心，他们觉得澳大利亚是个比亚洲和欧洲都安全的地方。盖伯的头骨上有6处弹孔，安雅则被凶手割下了头颅，警方一直没有找到安雅的头颅。

警方已经在国家森林公园里找到了7具尸体，于是，一个"背包杀手特别工作小组"成立了。之后警方对国家森林公园展开了地毯式的搜查，每天都有40个警察带着警犬出发，这些警犬都经过了特殊的训练，能从土壤中发现磷光和氮，当尸体腐烂后就会分解出这两种化学物质。

与此同时，警方也派出了大量的警察对当地的枪械俱乐部展开调查，专门查找和凶器相同型号的枪支。最终警方查到了伊凡·米拉特。米拉特是个电信工程师，一个工作非常认真的人，在公司上下颇受尊重。不过警方发现米拉特的不在岗日期与凶杀案的发生日期相吻合。

米拉特就居住在国家森林公园附近，十分喜欢枪支，是枪械俱乐部的会员。据米拉特的一个同事反映，米拉特十分喜欢收集枪支，他的家简直就是一个陈列枪的兵工厂。米拉特和兄弟理查德曾在悉尼和墨尔本之间的高速公路上组建了一个公路犯罪团伙，专门抢劫过往车辆，他们兄弟二人与警察的关系十分恶劣，经常与警察发生争执。此外米拉特还有过案底，他在1971年被指控绑架和强奸，后来由于缺乏证据，指控就被撤销了。

警方通过进一步的调查发现，在国家森林公园首次发现尸体的消息传出去之后，米拉特就将自己那辆日产巡逻四轮驱动车给卖了。后来警方找到了这辆汽车，并从车里找到了其中一名被害人的头发。新车主还交给警方一颗子弹，这是他在车里发现的，这颗子弹正属于凶器枪支。

1994年4月，一名警察在整理报警热线的电话登记资料时，注意到了保罗所陈述的案情，于是警方立刻与保罗取得联系，邀请他来澳大利亚协助警方的调查工作。4月13日，保罗来到悉尼，在警方的安排下，他从13个人的照片中一下子辨认出了米拉特。警方决定以袭击罪的罪名将米拉特逮捕。

保罗因协助警方办案获得了20万澳元的奖励，但他回到英格兰后就将支票退还给了澳大利亚警方，因为这笔钱总会让他联想起那些死在米拉特手里的被害人，这让他寝食难安。作为唯一的幸存者，保罗经常回想起那天的恐怖经历，他甚至还患上了抑郁症。

1994 年 5 月 22 日星期日清晨 6 点 30 分，50 名警察包围了米拉特的住所。在搜查米拉特住所的时候，警方找到了大量的证据，例如与凶器相匹配的枪支，还有大量被害人的物品，其中有一件带血的蓝色衬衫，这是保罗的衬衫，上面的血迹也属于保罗。警方还发现了几张可疑的照片，照片中米拉特的手中拿着被害者黛博拉和詹姆士的物品，而且他的女朋友身上穿着卡罗琳的衣服，那件衣服只有在英国才可以买到。

被捕后，米拉特立刻提出找律师的要求。他的律师在了解了基本案情后对他说："伊凡，我希望那些人不是你所杀，但如果你真的是凶手，那就太可怕了。从目前的形势看，警方手中掌握着大量对你不利的证据。我认为最合理的辩护就是从你的精神问题上寻求突破，以获得减刑。"米拉特听完这番话后，立刻解雇了他的辩护律师。

1995 年 3 月，作为背包客杀手的米拉特开始接受审判。7 月 27 日，陪审团一致认定米拉特 7 项谋杀罪、1 项袭击罪罪名成立，他被判处 7 个终身监禁。之后，米拉特就被送到悉尼西南方一所最大的监狱中服刑。

米拉特一直不肯认罪，他坚持自己是清白的，甚至还试图将所有的罪行都推到自己的兄弟理查德身上。1 个月后，米拉特企图越狱被发现，然后他就被转移到戒备森严的古伯恩监狱。越狱失败后，米拉特就开始绝食抗议，甚至还用吞剃须刀片的方式自杀。后来狱警只能将米拉特隔离到一个单独的房间里。2009 年，米拉特用塑料锯齿的餐刀将自己左手的小拇指割下来，然后将它装进一个信封内寄给澳大利亚的高等法院。之后狱警发现了这根小拇指，立刻将米拉特送到医院接受接指手术，手术失败后的当晚他被送回了监狱。

虽然米拉特被送进了监狱，但警方的调查工作还在继续。警方怀疑被米拉特害死的人远远不止 7 个，国家森林公园那么大，一定还有被藏起来的尸体没有被发现。后来警方又找到了一具尸体，与之前的被害人的死亡方式十分相似。在之后的几年内，米拉特一直在不停地接受新的审讯。

对于背包客杀手是否只有米拉特一人，一直存在争议。有人认为，米拉特一定有同伙，而他的姐姐就是重要嫌疑人，不过在米拉特被捕时她已经去世了。米拉特与姐姐的关系非常好，最关键的是警方在卡罗琳的尸体旁发现了烟头，米拉特从不抽烟，而他的姐姐却抽烟。

2010 年 11 月 7 日，米拉特的侄孙马修·米拉特因杀人罪被判入狱，他与朋友科恩在好友克莱因过生日的时候用斧头将其砍死，当时克莱因才 17 岁，而马修和科恩也才 19 岁。据马修的母亲反映，马修从小就很崇拜米拉特，可以说米拉特对马修产生了很大的影响。

米拉特出生于 1944 年，他的父亲是南斯拉夫移民，母亲是澳大利亚人。米拉特家中兄弟众多，他在家里的 14 个孩子中排行第五。老米拉特是个脾气火爆的人，与儿子们之间的关系很糟糕。

米拉特从小就是个经常惹麻烦的人，15 岁离开学校，从那以后就经常因盗窃罪、抢劫罪、袭击罪被指控。但他总能逃脱法律的制裁，直到因连环命案被警方逮捕。虽然在警方看来，米拉特是个罪行累累的人，但在邻居和同事的眼中，米拉特和所有正常人一样，为人友好，见面会主动与人打招呼。

【罪犯的自杀行为】

　　米拉特是个相当自负的连环杀手，在他的认知里，他不应该被警方逮捕，更不应该进监狱。因此当米拉特被捕后，他的辩护律师告诉他，他只能利用精神问题来减刑，米拉特就直接解雇了他的律师，因为米拉特想要的是无罪辩护，像他之前因强奸一名女子，在律师的辩护下被无罪释放一样。

　　因此米拉特在进入监狱后会发生一种心理转变，他觉得自己已经没有走出监狱的可能了，因此就产生了自杀的想法。监狱里被严格限制自由的生活对米拉特来说不仅十分痛苦，而且毫无意义，在他看来，他根本不应该被关进监狱，于是米拉特出现了越狱行为。当他越狱失败后，米拉特就开始绝食抗议。

　　那么，米拉特是否真的想自杀呢？还是他只是利用自杀的方式获得狱警的注意，从而达到自己的某种目的？在监狱里，许多罪犯的自杀行为都不是为了结束自己的生命，不少罪犯只是为了吸引狱警乃至媒体的注意，从而获得被送往更宽松的环境中的机会，例如被送往精神病院。与监狱相比，精神病院的生活要宽松得多。也可能是为了其他目的，例如米拉特在2011年再次出现绝食行为，他想让狱警给他配备游戏机。

　　与许多连环杀手一样，米拉特也具有两面性。同事和邻居只看到了米拉特友好、认真的那一面，而他残忍的那一面则很少有人看到。米拉特的兄弟鲍里斯在他被捕后对记者说，米拉特从小就是一个极其残忍的人，是个不折不扣的虐待狂，他很喜欢用刀刺穿猫狗的心肺或脊骨，还经常拿着刀恐吓和猥亵少女。鲍里斯还提到，凡是米拉特所到之处，都会出现人口失踪的现象。

Criminal Psychology

迫使乌克兰恢复死刑的杀手——

阿纳托利·奥诺普里科

1996 年 4 月 7 日，警察科诺接到一个报案，报案者名叫彼得·奥诺普里科，他说自己的堂哥阿纳托利·奥诺普里科私藏了许多武器。不久前，阿纳托利曾在彼得家借住过一段时间，彼得意外发现了表哥的武器。当阿纳托利得知彼得发现了自己的秘密后十分生气，他威胁彼得，如果彼得敢说出去，就在复活节后的星期日杀了他全家。彼得没有妥协，在阿纳托利离开后就报了警。彼得还告诉科诺，阿纳托利交了一个女友名叫安娜，是个美发师，他在安娜的邀请下搬去了吉托米尔斯卡娅。

提到吉托米尔斯卡娅，科诺突然联想起了不久前发生的一起凶杀案，被害人被一把点 12 口径的猎枪射杀，而彼得家发现的那堆武器中正好有一把点 12 口径的猎枪，科诺怀疑阿纳托利具有重大作案嫌疑。

1 个小时后，科诺拿着申请到的逮捕令和 20 名警察一起来到了吉托米尔斯卡娅，并按照彼得提供的住址来到了一栋公寓前。科诺先安排两辆车在公寓后门，以堵住嫌犯阿纳托利的后路，又安排了两队警察在 3 楼和 4 楼埋伏。最后，科诺和两名警察来到房门前，按响了门铃。

当天，安娜和前夫的两个孩子一起去教堂了，家里只有阿纳托利一人，当阿纳托利听到门铃声后并未起疑心，他以为是安娜回来了，于是就打开了房门。科诺等人趁着阿纳托利晃神之际立刻将其制服，并给他戴上手铐。

之后警方在搜查安娜的住所时，发现了大量被害人的财物，例如客厅的雅佳音响，就是两周前巴斯克所发生的凶杀案的被害人家里的，被害人家属曾向警方反映家里的雅佳音响不见了。警方一共在安娜的公寓里搜出了 122 件和未破获的凶杀案相关的物品。

　　被押回警察局后，阿纳托利表示他不想说话。于是警察克留科夫就将搜查到的证物都摆在了阿纳托利面前。克留科夫表示，即使阿纳托利一直保持沉默，这些物证也能证明他与一些凶杀案有关。对此，阿纳托利一点儿反应也没有，他笑了笑后对克留科夫说："我只想和部长级别的人说话，但你不是。"

　　为了尽快让阿纳托利开口，科诺只能去请亚沃里夫的首席检察官杰斯利亚。杰斯利亚是亚沃里夫最优秀的检察官，尤其擅长与犯罪嫌疑人沟通，曾让不少强硬的嫌疑人认罪。

　　晚上 10 点，杰斯利亚来到了审讯室，坐下来开始与阿纳托利谈话。阿纳托利在沉默了半个小时后，对杰斯利亚谈起了自己小时候的经历。阿纳托利说，他的母亲在他很小的时候就去世了，之后他被送到了孤儿院，在那里度过了自己的童年。

　　阿纳托利在 1959 年 7 月 25 日出生在乌克兰一个普通家庭里，他有一个哥哥。母亲在阿纳托利 4 岁时就去世了。后来，阿纳托利被送到祖父母那里寄养，而哥哥则跟着父亲。没过多久，祖父母就将阿纳托利送到了孤儿院，对此他的父亲也并未提出异议。这段被抛弃的经历给阿纳托利留下了巨大的心理阴影，他觉得自己被亲人背叛了，他一直觉得父亲完全有能力养活自己。孤儿院的日子并不好过，阿纳托利也因此更加憎恨父亲的决定，他觉得自己本应该有一个幸福的童年。在说到自己的童年经历时，阿纳托利的情绪一直很激动。

　　杰斯利亚听完阿纳托利对自己童年的叙述后问了一个问题："你恨你的父母吗？"阿纳托利犹豫了一会儿，摇了摇头，他对杰斯利亚说："我只会和部长级的人说话。"之后，阿纳托利就闭嘴了，不论杰斯利亚说什么问什么，他都没再开口。

无奈之下，科诺只能满足阿纳托利的要求，请来了内务部长罗马尼克。罗马尼克赶到审讯室的时候已经是凌晨 3 点了。在之后的审讯中，阿纳托利开始交代自己所犯下的 52 起凶杀案。

阿纳托利在离开孤儿院后就参加了工作，他在船上当起了水手，希望自己攒一笔钱，然后到苏联生活。但阿纳托利的这个愿望破灭了，他只能回到乌克兰。从那以后，阿纳托利就过上了居无定所、四处漂泊的日子。

1989 年，阿纳托利在一家健身房内遇到了一个名叫谢尔盖的男人，两人聊得非常愉快，很快就成了朋友。后来，阿纳托利将自己抢劫的事情告诉了谢尔盖，他说自己的收入太少了，根本入不敷出，只能抢钱。谢尔盖一听就加入了抢劫之中，从那以后两人就开始一起抢劫。

一次，阿纳托利和谢尔盖潜入了郊区的一栋房子里，他们的主要目的是能偷点儿值钱的东西，最好是偷些钱。结果男主人发现了这两名入侵者，谢尔盖出手将男主人制服。两人为了掩盖罪行，就将这一家人——男主人、女主人和 8 个孩子给砍死了。这是阿纳托利第一次杀人，也是他杀戮狂欢的开始。

两个月后，阿纳托利和谢尔盖在高速公路上遇到了一对正在路边修理汽车故障的夫妇，他们上前用枪威胁这对夫妇，让他们将值钱的东西都交出来。抢劫过后，阿纳托利开枪将这对夫妇，包括他们 11 岁的儿子都给杀死了。这个变故让谢尔盖震惊不已，他最初的设想是在抢劫后就离开。

之后两人开始处理尸体，他们将尸体搬到汽车上并将车开到了荒郊野外，最后将尸体和汽车一起焚毁。这段经历给谢尔盖留下了深刻的印象，他觉得阿纳托利是个很危险的人，就不再与他联系。

在说到这起凶杀案的时候，罗马尼克问阿纳托利是否能从杀人中体验到快感和兴奋。他回答说："当然没有！人的尸体看起来很丑陋，而且味道很臭，开车的时候我不得不将车窗打开散发臭味，不然我一定会被熏吐！"

1995 年的平安夜，阿纳托利又想杀人了，他潜入一栋房子里，趁着这家人不备，将他们全部枪杀。被害人一共有 4 名：扎辛科夫妇和他们的两个儿子。之后，阿纳托利开始搜寻屋子里值钱的东西，他带走了扎辛科夫妇的结婚戒指、一个纯金的十字架、耳环，还有一堆旧衣服。离开之前，阿纳托利为了销毁证据，就放了一把火将整栋房子都烧毁了。

9 天后，阿纳托利再次拿着枪潜入一栋房子里，将房子里的所有人全部枪杀，最后在房子里放了一把火。后来，阿纳托利注意到有个人看到了自己，他就追上目击者将他枪杀了，并将他的尸体扔到火里一起焚毁。

1996 年 1 月 6 日，阿纳托利拿着枪出现在高速公路旁，他换了一种新的杀人方式，他准备拦截过往的车辆，然后将车上的人全都枪杀。在高速公路上，阿纳托利一共杀死了 4 个人，既有陆军少尉，也有厨师和货车司机。

11 天后，又有一家人被阿纳托利枪杀了，这次他杀死了 5 个人，包括一个年仅 6 岁的孩子。与以往一样，阿纳托利拿走了一些东西后开始放火烧房。

这一次，一共有两个人看到了阿纳托利放火，但他们根本没机会报警，就被阿纳托利枪杀了。

1月30日，一名护士和她的两个儿子被阿纳托利枪杀。

2月19日，阿纳托利拿着枪潜入一户人家，他先开枪将男主人恰特和他的儿子杀死，然后用锤子将女主人砸死。这一切都被恰特的女儿看到了，她十分害怕，就躲在屋子里，开始祈祷着阿纳托利不要发现自己。

阿纳托利用锤子将房门砸开，开始质问她家里的钱都藏在哪里。小女孩愤怒地说：“我是不会告诉你的！”之后，她就被阿纳托利用锤子砸死了。

随着杀人次数的增加，阿纳托利再也无法停手了，他喜欢上了杀人。2月27日，阿纳托利来到马琳纳，潜入博得家，将其一家4口全部杀死。阿纳托利似乎很享受杀戮所带来的快感，他枪杀了博得夫妇，然后用斧子将博得夫妇的两个女儿活活砍死。就在这时，门铃声响起来了，阿纳托利打开了门，趁着博得夫妇的邻居震惊之际结束了他的性命。

3月22日，阿纳托利潜入诺萨德家，将其一家人全部杀死，并点着了房子。这是阿纳托利最后一次行凶，因为他的堂弟彼得发现了他藏匿的武器，为此他不得不停止杀戮。

后来，阿纳托利认识了美发师安娜。安娜是个离异的女人，带着两个孩子生活。安娜从第一眼见到阿纳托利时就爱上了他，她从没觉得这个男人危险，她只觉得阿纳托利是个很安静的男人。后来安娜开始邀请阿纳托利和自己同居，他答应了，就搬过去和安娜一起居住，直到被捕。

罗马尼克听完阿纳托利所陈述的罪行后忍不住质问道：“你是个疯子吗！”阿纳托利说：“当然不是！如果我真的疯了，我现在就会扑上去将你的喉咙咬断！我是在接到命令后才去杀人的！想知道给我下命令的是谁吗？是神！我不能拒绝神的命令！"

1999 年 2 月 12 日，阿纳托利在日托米尔接受了审判。他被押送到法庭上后就被锁进了一个铁笼里，与另一位连环杀手安德烈·奇卡提罗的待遇一样。

许多人在看到阿纳托利的新闻后，纷纷前来旁听。警方为了防止人们在愤怒下做出什么过激行为，要求凡是进入法庭的人都必须接受严格的检查。

审判刚开始时，阿纳托利很少开口说话。当法官问他是否想说些什么时，阿纳托利回答说："不，没有。"当被问到国籍时，阿纳托利回答说："没有。"看到法官不相信，阿纳托利只能说："好吧，按照检察官所说的，我似乎是个乌克兰人。"

阿纳托利的辩护律师认为，阿纳托利之所以会成为一个疯狂的连环杀手，与他童年所遭遇的不幸密切相关，希望法官可以因此从轻判决。旁听群众听到辩护律师的这番话后都很激动，毕竟阿纳托利杀死了那么多无辜的人，那些无辜的人不应该为他不幸的童年买单。法庭内一下子变得混乱起来，法官看到审判无法继续下去，只能宣布暂时休庭。

4 月，阿纳托利再次接受审判。检察官尤里提出，阿纳托利犯下了乌克兰犯罪史上最严重、最疯狂的罪行，如果只是判处他 15 年监禁，对于那些无辜的被害人来说十分不公平，因此只有判处阿纳托利死刑，才能让逝者得到安宁。

经过 3 个小时的讨论后，德米特罗法官开始宣读最终的审判结果，阿纳托利被判处死刑。在此之前，乌克兰的最高刑罚只有 15 年监禁，阿纳托利所犯下的残暴罪行让乌克兰的法官不得不判处他死刑。

听到判决结果后，阿纳托利表现得很平静，他表示："我抢劫过，也杀过人。我与你们不同，我只是个机器人，根本感受不到任何东西。现在死亡离我越来越近了，我已经迫不及待地想去死后的世界了。"

阿纳托利虽然被判处了死刑，但一直没被处死，他被关进了监狱里，一直到 2013 年 8 月 27 日因心力衰竭死亡，死时 54 岁。

【低唤醒状态与反社会行为】

阿纳托利·奥诺普里科在 6 年的时间内至少杀死了 52 个人，对于他来说，只要目标是个人就行了，至于对方的性别、年龄、宗教信仰这些东西他统统不关心。他只是通过杀人来寻求刺激，不然他就会觉得自己像个机器人，毫无感觉。

对于正常人来说，恐惧、焦虑这样的情绪固然是负面的，却可以让他遵守规矩和法律。阿纳托利却感受不到恐惧和焦虑，所以他不认为抢劫、杀人是让自己害怕的行为，也从不担心自己会因此被逮捕。

与许多连环杀手一样，阿纳托利也体验不到他人的情感，所以他可以肆无忌惮地杀死一家人，就连孩子也不放过。研究显示，如果一个人缺乏同情心，或者无法体会到他人的情感，那么他更容易变得有暴力倾向，更容易欺凌、杀死他人。

阿纳托利具有典型的低唤醒表现，不然他不会说自己就像个机器人。当一个人处于低唤醒状态的时候，他就会觉得坐立不安、精神空虚，这是一种很不愉快的状态。例如当一个人无所事事、觉得很无聊的时候，就与这种低唤醒状态十分类似。对于正常人来说，为了打发无聊时光，他会去寻求一点刺激，例如和朋友外出游玩，或者玩电脑、手机、看书等。但对于阿纳托利来说，这种刺激根本无法将他从低唤醒状态中拉出来，也就是说这些正常人所寻求的刺激对他而言十分无聊，他根本毫无兴趣。

　　如果一个人长期处于低唤醒的状态，那么他就很容易出现反社会倾向。阿纳托利从孤儿院走向社会时，他并没有马上抢劫和杀人，他在船上当起了水手。但显然这种正常人的生活让他觉得很无聊、毫无刺激感，于是他开始四处流浪和抢劫，他的这种生活方式对于正常人来说虽然难以理解，但阿纳托利却觉得这种生活正是自己想要的。当阿纳托利被罗马尼克质疑是个疯子的时候，他马上否定了，毕竟他总是很冷静，冷静得接近于麻木，好像对什么都提不起兴趣，只有杀人才让他觉得刺激。

　　不少长期处于低唤醒状态的人都会做出一些不法行为来使自己的唤醒状态得到强化，也就是俗称的"找刺激"。当阿纳托利第一次杀人的时候，他就发现这样很刺激，于是他将杀人当成了自己人生中消愁解闷的方式，因此他会用枪射杀一切可以看到的活人，然后通过焚烧房屋毁灭证据。显然曾与他一起抢劫的谢尔盖与他不同，谢尔盖的唤醒水平一定高于阿纳托利，不然他不会觉得阿纳托利很危险。他们第一次杀人是为了掩盖罪行，阿纳托利第二次杀人在谢尔盖看起来毫无理由，因为被害人已经将财物交了出来。谢尔盖不理解阿纳托利的杀人行为，他只是本能地觉得阿纳托利很危险，于是就尽快离开了他。

　　当阿纳托利得知自己被判处死刑后，并未像普通人那样对死亡产生恐惧，他显得很平静，甚至说自己已经迫不及待地想去死后的世界了。对于一个处于低唤醒状态的人来说，他没有害怕的感觉，不会担心自己受伤或丧命，看起来好像无惧死亡，但实际上只是不知恐惧为何物而已。`

Criminal Psychology

丰胸代言人与恋胸杀手——

韦恩·亚当·福特

1997 年 10 月 26 日，一名猎鸭人在尤里卡附近的一条小河里泛舟时，远远地看见河岸上好像有一个物体。当他划近了一看，以为那是个服装人体模型，当他渐渐靠近河岸后，才惊恐地发现那根本不是什么人体模型，而是一具女尸，已经被割去了头颅和四肢。猎鸭人立刻将此事报告给了洪堡县警方。

警方赶到后，发现这具女尸被损毁得十分严重，整个腹腔几乎被切开，内脏都裸露在外，乳房被割掉，不知所踪。进一步的尸检结果显示，被害人身上大约有 30 处刀伤。由于被害人的头颅、四肢被切掉了，警方无法从相貌、指纹、文身等个体识别特征来判断被害人的身份，只知道被害人的年龄在 18 岁到 25 岁，深色皮肤，死于三四天前。

3 个月后，警方在海滩附近发现了疑似被害人的手臂和手掌残肢，但由于腐烂严重，警方无法对其进行指纹分析，被害人的身份成了一个谜。

1998 年 6 月，加利福尼亚州巴顿威洛镇一条沟渠上漂浮着一具女尸。科恩县的警方立刻将女尸带回去进行尸检。尸检结果显示，被害人生前遭到了强奸，然后被凶手勒死。被害人的身份也很快得到了确认，是华盛顿州的居民，26 岁，名叫蒂娜·雷内·吉布斯，死前数月在拉斯维加斯做妓女。

3 个月之后，也就是 9 月 25 日，加利福尼亚州 5 号州际公路附近的一条沟渠里出现了一具全身赤裸着的女尸。警方在附近搜查的时候，发现了一些被害人的衣物、头发样本，一块带血的油布，还有一个装在白色塑料袋里的卡车停车场的标志。警方认为，此地并非被害现场，死者是在被杀害后才被凶手开车抛尸在这里的。

尸检结果显示，被害人死于窒息，应该是被凶手勒死的，她的一侧乳房上有一处被刺伤的痕迹，死亡时间在好几天之前。通过指纹对比，警方确认了被害人的身份，名叫兰妮特·怀特，25岁。据兰妮特的表妹反映，9月20日的时候，兰妮特还曾与她见过面，当时兰妮特正在一个小商店内为孩子购买牛奶，之后兰妮特的家人就再也没有见过她。

1998年10月23日晚上，加利福尼亚州圣贝纳蒂诺县的两名水利巡逻员在一条沟渠里发现了一具赤裸着的女尸，警方接到报警后立刻赶到现场打捞尸体。将尸体打捞上来后警察们惊奇地发现，女尸的一个乳房不见了，很显然她是被人谋杀的。

尸检结果显示，被害人生前遭受了猛烈的毒打，她的头部有钝器击打过的痕迹，她还遭受了性侵，与之前的被害人一样，她也是被勒死的。凶手在勒死她之前还折断了她的脊椎、割掉了她的一个乳房。

警方确认了被害人的身份，她名叫帕特里夏·塔米兹，29岁，是个妓女。在成为妓女之前，帕特里夏是个青春活泼的大学生，自从染上毒品之后，她就堕落了，要么在大街上游荡吸毒，要么寻找嫖客，出卖自己的肉体以换取毒资，她人生的全部意义只剩下毒品了。在帕特里夏失踪前，曾有目击者看到她在高速公路上寻找嫖客，上了一辆长长的黑色卡车后就再也没有出现过。

11月3日的晚上，圣贝纳蒂诺的警察局来了两名成年男子，其中一名成年男子名叫韦恩·亚当·福特，36岁，是名长途卡车司机。他对警察说："我是福特，一名连环杀手。"之后福特交代说，上述4起凶杀案全是他一人所为，接下来他开始向警方详细描述自己是如何杀人和处理尸体的。

福特是一名长途卡车司机，在俄勒冈州、加利福尼亚州、内华达州和亚利桑那州之间运送木材，他就是在运输木材的途中绑架并杀死了这4名女性。

第一名被害人，福特也不知道她叫什么名字，只是在加利福尼亚州的尤里卡小镇遇到了，她想搭个便车，福特就让她上车了。福特被她硕大的乳房所吸引，于是就将她绑到了自己的汽车屋里，强奸了她，最后将她勒死。接下来，福特将尸体拖到浴缸里，用锯子和刀子将尸体肢解。福特对警方说，肢解后的尸体更容易处理。福特将尸体的躯体部分扔在了梅德河的河岸上，将头和手臂埋在了其他地方，剩下的部分则放在冰箱里，后来被埋在了特立尼达岛的露营地。后来警方在福特所交代的埋尸地点找到了这个无名被害人的其他六七个身体部分残肢，但头颅却一直没找到，这导致被害人的身份一直无法确定。

交代完一切后，福特从自己的夹克口袋里拿出了一个塑料包裹，然后将其打开，里面是一个乳房，是被害人帕特里夏的。

之后警方在搜查福特的拖车时，发现了大量的证据。厨房的咖啡罐里装着无名女尸的胸部，冰箱里有一些被害人的尸体残肢。此外警方还找到了一个装在白色塑料袋里的卡车停车标志，与被害人兰妮特尸体发现地所找到的卡车停车标志完全一样。

陪同福特一起来警察局自首的那名男子是他的哥哥罗德。11 月 2 日，福特喝了一天酒后，在加利福尼亚州特立尼达岛的海洋格罗夫小屋给罗德打了一个付费电话。福特用十分激动的语气对罗德说，自己有重要的话想要告诉罗德，请罗德赶快来自己身边。罗德放下电话后，立刻就开车来找福特。

11月3日的凌晨，开了很长时间车的罗德终于来到了福特所居住的旅馆。尽管此时的罗德很疲惫，但还是耐心听福特讲话。福特似乎很激动，他一直和罗德说话，却始终不说自己遭遇了什么事情。在罗德的再三追问下，福特说自己做错了一些事情，伤害到了一些人。但具体做错了什么事情，怎么给他人带来了伤害，不论罗德怎么问他，福特都不肯说。罗德意识到福特可能犯下了十分严重的错误，于是就劝他去自首。最后福特同意了，他在罗德的陪同下来到了警察局。在这里，罗德终于知道了他的弟弟犯下了怎样残忍的罪行。

福特的自首让当地警方很意外，警方认为福特的自首和认罪是"连环杀手犯罪史上的一个意外"，毕竟连环杀手主动自首的情况非常少见。警方认为福特一定是为自己所犯的罪感到羞耻，然后才来自首的，因此还送给他一个"有良心的连环杀手"的外号。

但随着调查的深入，警察们很快发现福特根本毫无罪恶感，不然也不会用如此残忍的手段将4名女性杀死，而且福特根本不尊重他人的生命。幸好罗德说服了他，不然一定会有更多的女性惨遭毒手。

1998年11月6日，洪堡县警方指控福特杀死了那位无名女性，他因一项一级谋杀罪接到了洪堡县高等法院的传讯。由于其他3起谋杀案是在其他地区发生的，洪堡县高等法院又不具备审判其他辖区命案的权力，因此福特在洪堡县接受审判后，还得到其他发现尸体的县法院继续接受审判。

在接受审判的过程中，福特向法官提出了申请辩护律师的要求。法官虽然同意了福特的这项申请，但根本没有律师愿意为福特进行辩护。于是法官只好任命一名律师给福特，就这样凯文·罗宾逊成了福特的辩护律师。

凯文在了解了福特的案件后，决定以警方限制福特与律师联系为由为福特进行无罪辩护。凯文认为，如果他能够证明福特在自首的时候，警方拒绝福特申请律师的要求，那么福特所供述的一切证词将是无效的。

两个月后，一项新的法令通过了，这项法令似乎是专门针对这起连环命案的。凡是发生在不同地区的相关案件均可以一起审判，这意味着福特所犯下的4起谋杀案将被进行一次性审判。不过福特不会在洪堡县法庭接受审判，他将被送到圣贝纳蒂诺县的法庭接受审判，因为他就是在这里被警方逮捕的。

2003年11月，圣贝纳蒂诺县的高等法院举行了一次听证会，以决定福特自首后的供词是否有效。辩护律师凯文认为福特的口供无效，因为在福特自首后，警方拒绝为其提供律师。但控方却表示，在福特自首后要求过律师在场，不过后来他改变了主意，也就是说警方是在合法的情况下得到了福特的供词，因此福特的供词是有效的。

2004年1月，高等法院法官迈克尔·史密斯做出了裁定，福特的大部分供词是有效的，可以在庭审时使用。只是福特在被捕的3天后的供词是无效的，因为警方没有按照福特的要求提供法律援助。这就意味着，福特对谋杀兰妮特的供述是无效的。但控方认为，即使没有福特的供词，也有许多证据可以证明就是福特杀死了兰妮特。

就在审判快要开始的时候，又发生了一个意外。1月中旬，负责该案的检察官大卫·惠特尼离职了。想要审判顺利进行，就必须得找一个检察官来顶替大卫的工作，于是戴夫接手了大卫的工作。

2006年2月1日，针对福特这个连环杀手的审判终于开始了。作为福特唯一粉丝的维多利亚·瑞德斯德也出现在法庭上，她还向法官提出了为福特拍照的要求。但让法官大跌眼镜的是，这个女人居然一直不停地按着快门为福特拍照，甚至还用福特的照片来做自己手机的屏保。最后法官不得不公开禁止维多利亚和其他人拍照，但维多利亚根本不听，她继续在法庭上频繁为福特拍照。维多利亚此举惹恼了法官和检察官，包括福特的辩护律师，对她的行为也很不满，于是法官禁止维多利亚接触福特。

福特所犯下的罪行足以让所有的女人闻风丧胆，但维多利亚显然是个意外，她十分仰慕福特。维多利亚出生于英国，是个著名的影星，曾出演过电影《勇闯夺命岛》和《王牌任务》，还是某丰胸产品的代言人，她曾公开表示自己一直很关注连环杀手，因此在得知福特所犯下的罪行后，对福特痴迷不已。

2006 年 4 月，福特正在监狱里等待最终的审判结果，这时维多利亚以制作一部纪录片的名义来到了监狱中与福特见面。从那以后，维多利亚就开始频繁地来监狱探望福特，后来她甚至将自己的每个晚上和周末的休闲时间都用在了与福特的见面上。他们虽然无话不谈，也非常默契，但他们的关系却颇具讽刺意味，维多利亚是个丰胸药的代言人，而福特却是一个崇拜乳房的杀手。

维多利亚与福特之间的非同寻常的关系在圣贝纳蒂诺的警察局引起了不小的轰动，福特的辩护律师也很抓狂，因为维多利亚的行为带来了许多麻烦，在辩护律师看来，维多利亚不是一个诚实的人，不会跟法庭好好合作。于是辩护律师要求法官迈克尔禁止维多利亚出现在法庭上。迈克尔还专门召开了一个听证会，他表示维多利亚想要继续出现在法庭上，就必须出示为某公司拍摄纪录片的正式材料，以证明她与福特接触是为了纪录片的拍摄。后来迈克尔又向福特的辩护律师表示，如果维多利亚出示了材料后出现在法庭上，那么他就很难禁止维多利亚的拍照行为了。

维多利亚在法庭上的表现引起了争议，为此洛杉矶总警署介入了此事，还专门展开了"罪犯福特探视人员调查"的行动。在维多利亚看来，这项调查就是专门针对她的，因为监狱已经向狱警们发布了贴着维多利亚照片的通知，要求所有人不得让维多利亚进入监狱。

在之前的探监中，有时候，维多利亚会和福特一起谈论各自的童年时光，她在接受采访时表示，福特在她看来是个很亲切、有良知的人，他们之间非常有默契，根本不需要说话也能沟通。有时候，维多利亚会给福特唱歌。后来福特作为回应也给维多利亚唱了一首德怀特·尤肯姆的歌，但他跑调严重，让维多利亚听得起了一身鸡皮疙瘩。维多利亚注意到福特有好多歌词都不记得了，于是在下次探监的时候将完整的歌词带给了福特。

对于维多利亚来说，与福特的特殊关系固然让她得到了许多人的关注，这却是一桩丑闻，她也因此失去了许多朋友，她的朋友们都不喜欢维多利亚和一个连环杀手走这么近，这太危险了。但维多利亚却认为，她很了解福特，她认为每个人的内心深处都有阴暗的一面，福特只不过是将他自己的阴暗面放大到了杀人的层面。在维多利亚看来，福特已经对自己过去所犯的罪行感到后悔和难过，她应该更看重现在的福特，而不是过去残忍杀死 4 名女子的福特。

在监狱丑闻发生前，维多利亚就一直被一桩丑闻缠身。2004 年，维多利亚被洛杉矶的屋主协会起诉，原因是她穿着睡衣在走廊上走来走去，吸引了媒体的采访直升机一直在房屋上方不停地盘旋和拍摄，严重影响其他屋主的生活。后来这桩丑闻被拍成了一部电影——《在头顶盘旋：直升机女郎是怎样炼成的》，而维多利亚则是电影的主角。

最终，12 人陪审团经过商议后，一致裁定福特的 4 项谋杀罪名成立，他被判处死刑。维多利亚在得知庭审快要结束的时候，开着自己的红色敞篷车来到法院门口等待福特出来。福特被警察押送着上了一辆大巴，这辆大巴将开往圣昆廷监狱。维多利亚开着车一路跟着这辆大巴来到了圣昆廷监狱，并目送着福特被送进监狱。维多利亚在接受采访的时候表示，她之所以会这么做，是想让福特看到自己的金发在风中飘舞，自己的珠宝在阳光下闪耀。

之后，维多利亚一直在努力拉赞助，想要将福特的故事搬上荧屏。她表示，只要将福特的故事搬上荧屏，她就有机会去监狱看望福特，她认为自己去探监会给福特带来快乐。不过福特既没有等来维多利亚的探监，也没等来死刑。福特在被捕时曾对家人说，他渴望被判处死刑，但圣昆廷监狱里有大把人在排队等待死刑。

在圣昆廷监狱里，福特很少走出牢房，也不会去洗澡和运动，他总是光着身子坐在牢房的床上，膝盖上只搭着一条脏兮兮的被单，他偶尔想清洗一下自己时，就会用马桶旁的一个小水槽。

对于福特来说，在圣昆廷监狱里待着还不如被处死，他表示："五年前我就疯了，我失去了与人交流的能力，我再也没办法与别人交流了。"后来圣昆廷监狱的心理健康服务中心为福特提供了帮助，工作人员送给了福特一小罐纸折的玫瑰，福特很珍惜这些纸折玫瑰，他将它们放在墙壁裸露出来的钢筋上，并将它们称为"小希望。"

1961年12月3日，福特出生于加利福尼亚州的柏城，他的父亲是美国人，母亲是德国人，哥哥罗德比他大两岁。一般情况下，家里的小儿子与父母之间的关系往往比较亲密，但福特却与父母的关系很糟糕，他是个难以管教的孩子。

10岁时，福特的父母离婚了，从那以后他就与哥哥跟着父亲生活了6年。据福特的母亲反映，这6年的生活对福特来说很痛苦，因为他与父亲相处得并不好。

高中没毕业，福特就退学了，他报名参军，被安排到海军陆战队服役。在服役期间，福特很努力，他想要尽快升职。

后来福特认识了一个女孩，最终两人结了婚。婚后的生活并不幸福，女孩发现福特是个非常苛刻、霸道和暴力的男人，她在与福特生活了一段时间后，实在难以忍受下去，于是就与福特离了婚。

离婚后不久，福特就跟随部队来到日本冲绳服役。1985年，福特只在日本待了一段时间就退伍了，因为他的精神状况已经不适合继续留在部队。

退役一年后，福特就因殴打、强奸和抢劫一名妓女而被起诉。后来因为证据不足，福特并未被送进监狱。

1986年1月，福特与一名年轻的女子相恋了。这段感情与之前的那段婚姻一样，以失败而告终，因为两人总是发生争吵。女子实在忍受不了福特的喜怒无常，于是就离开了他。

不久之后，福特因在自家后院射杀一条狗，被警方以虐待动物罪逮捕。福特并未狡辩，爽快地认罪了，他也因此被短暂监禁。这次的入狱并未让福特的行为有所收敛，相反他变得越来越冷漠。

1994 年，福特在一家酒吧里认识了一名 19 岁的驻唱女歌手，他们在短暂的恋爱后结婚了。婚后不久，妻子就发现福特是个有着极端控制欲和攻击性的男人，福特好像患上了严重的抑郁症。起初，妻子一直在努力修复与福特之间的关系，但妻子的努力毫无作用。

1995 年，妻子为福特生下了一个男孩。孩子的降临并未挽救两人的婚姻，福特与妻子最终还是离婚了。离婚时，妻子得到了孩子的抚养权，她带着儿子搬到拉斯维加斯与自己的祖母生活在一起。而福特则继续待在阿卡塔镇，在自己的汽车屋里生活。

福特一直想去看望自己的儿子，但法庭却剥夺了福特的探视权，这让福特觉得既愤怒又沮丧，于是他开始买醉，并染上了酗酒的毛病。在酒精的作用下，他内心深处压抑已久的暴力和嗜杀欲望被唤醒，渐渐走上了连环杀手的极端道路。有人认为福特之所以会主动自首，是因为担心自己在疯狂状态下杀死前妻，这样他的儿子就成了孤儿。

【酒精与暴力倾向】

许多犯罪行为都是在酒精、药物、毒品等精神类物质的作用下而发生的。例如有的罪犯会不止一次地表示，自己自从染上了酒精或毒品后，就像变了一个人一样，他们信誓旦旦地表示，如果没有酒精和毒品的影响，自己一定不会犯罪和杀人。这是否意味着药物滥用与犯罪行为之间存在着必然联系呢？

对于有些罪犯来说，药物滥用只是他们的借口而已。也就是说，药物滥用并不会改变一个人的本质，除非他的本质就是如此，只是在药物的作用下更加明显而已。例如福特就是一个暴力且控制欲极强的人，他在酗酒之前，就有过许多常人不能理解的言行，这导致他的妻子和女友无法接受与他一起生活。

那么，为什么有的人会染上酗酒的毛病或者被毒品所控制，有的人却不会呢？对于酗酒或吸毒的人来说，他有大把的理由为自己酗酒或吸毒的行为辩解，大多是说因为现实生活不顺，于是借助酒精、毒品等精神类物质让自己的焦虑和压力得以缓解。但事实上这只是借口而已。例如福特，他本该像许多普通人一样，有一个幸福的家庭，但他却没有好好珍惜，于是他的妻子带着儿子离开了。福特还抱怨法庭剥夺了他探视儿子的权利，实际上是他没有好好珍惜自己本应该拥有的权利，于是法庭为了孩子的健康成长只能禁止福特去探视儿子。这就好像一个人犯罪了，法庭会剥夺他的自由权，将他关进监狱一样。

根据福特的三段感情生活可以得知，福特在酗酒之前就是一个有着极度控制欲和暴力倾向的男人，他试图控制一切人与事，但没有人愿意被其他人完全控制，事态的发展也不会一直在他的掌控之中。每当福特觉得周遭的人或事脱离了自己的控制时，他就会变得暴躁起来，这让他的妻子或女友难以忍受。在与妻子离婚后，福特不仅被剥脱了孩子的抚养权，还被剥夺了探视权。这一系列的脱离他控制的事件让福特觉得愤怒和痛苦，于是他开始酗酒，他十分享受醉酒带给自己的愉悦感。后来福特从强奸和杀人中体会到了全权掌控的感觉，这让他兴奋不已，于是他接连杀死了4个女人。

在许多可滥用的物质中，酒精是被滥用得最严重的一种物质，因为与毒品不同，酒在我们的社会中是合法的，只要有钱就可以购买。

　　总之，酒精与暴力行为之间并不存在必然联系。但不可否认的是，如果一个人本身就具有暴力、攻击和反社会倾向，那么在酒精的作用下，他的暴力倾向会更容易表现出来。例如酗酒的人有许多，但像福特这样成为连环杀手的却很少，福特本身就具有暴力倾向。

Criminal Psychology

狂砍男友 37 刀的暴力女人——

凯瑟琳·奈特

2000 年 3 月 1 日，约翰·普莱斯没来上班，老板觉得很奇怪，就派一名员工去约翰家查看情况。其实约翰的邻居早在 6 点就觉得不对劲了，平常这个时间约翰已经上班走了，但今天约翰的车还停在家里。

同事先敲了敲门，无人回应后，就与约翰的邻居一起用力敲打卧室的窗户，结果还是无人回应。后来他们在前门看到了血迹，觉得约翰一定发生了不幸，就报了警。几分钟后，几辆警车来到了约翰的住所。

两名警察选择从后门进入约翰的住所。屋内一片狼藉，到处都是血迹，而厨房的桌子上有一具残破的尸体，这具尸体就是约翰。

约翰至少被捅了 37 刀，而且刀刀致命，有的刀伤甚至深入到体内器官里。由于伤口多而深，导致约翰大量失血，最终因失血过多而亡。因此整个房子里到处都是血迹，有的地方血迹甚至飞溅到一两米高。

凶手到底是谁呢？到底是谁如此憎恨约翰？不仅将其残忍杀害，还将他的尸体肢解得七零八碎？警方在案发现场发现了一个昏迷的女人，她名叫凯瑟琳·奈特，全身是血。警方立刻将奈特送到医院抢救。医生在对奈特进行了检查后发现，她是因吞服了大量的避孕药而昏迷。最终奈特恢复了意识。

在审讯中，奈特十分配合警方的工作，她说自己就是杀死约翰的凶手，并且还详细描述了杀害约翰的过程。

在 2 月 29 日的晚上，奈特趁着约翰熟睡之际用刀刺他，约翰因疼痛而惊醒，并试图逃走，但奈特根本不给他逃命的机会，一直追着约翰，并用力刺向约翰。最终约翰因伤势过重被奈特控制并杀害。

　　奈特与约翰在 1995 年开始同居。约翰有 3 个孩子，在与妻子离婚后，他最小的女儿与前妻一起生活，两个儿子则与他生活在一起。在与奈特同居前，约翰也曾听说过奈特是个暴力的女人，她的前夫就是因为忍受不了被奈特殴打而离了婚。不过约翰以为这只是传言而已，毕竟奈特在自己面前就是个贤妻良母，自己的两个儿子也很喜欢她。而此时的奈特只是在伪装而已，骨子里的她是个非常残暴的人。

　　在两人同居以后，奈特发现约翰对自己百依百顺，她开始不再伪装，在约翰面前表现出了自己残暴的一面。她期望能与约翰结婚，但约翰却开始犹豫，甚至还拒绝了奈特的结婚要求。

　　奈特从此怀恨在心，为了报复约翰，她诬陷约翰从公司偷拿了一个急救箱，实际上这是一个过期的急救箱，不是约翰从公司盗窃的。由于奈特的诬陷，约翰被公司解雇了，他已经在这家公司工作了 17 年，对公司的待遇十分满意。后来，约翰将奈特赶了出去。短短一天的时间，社区的居民都知道了奈特被约翰赶出家门的事情。约翰的朋友们得知后，十分高兴，在他们看来，奈特是个很危险的女人，像约翰这样的老好人不适合与奈特一起生活。

　　几个月后，约翰与奈特和好了。约翰的朋友得知后，纷纷对约翰所做的决定表示不理解，并渐渐疏远了约翰。

　　2000 年 2 月 19 日，约翰再次惹恼了奈特。这天是两人的周年纪念日，奈特希望约翰能利用这个机会向自己求婚，于是主动提出让约翰定个日子迎娶自己，但约翰拒绝了，约翰表示他觉得他们两人应该再接触一段时间。奈特无法接受约翰拒绝了自己，她不允许比自己弱小的男人对自己说"不"，于是奈特的心里产生了一个念头，她想杀了约翰。

　　从那以后，奈特与约翰的关系降到了冰点。一次，奈特用刀刺伤了约翰的胸部，这让约翰觉得很恐怖，于是又将奈特赶出了自己的住所。

2月29日，约翰在上班途中顺道去了法院，他申请了一项禁令，禁止奈特接近自己和他的两个孩子，他总觉得奈特这个暴力的女人会做出让人难以想象的事情来。在下午上班的时候，约翰对同事说，如果自己明天没有按时上班，那他一定被奈特杀死了。同事很担心约翰，就劝约翰不要回家。约翰说，他对奈特十分了解，如果他不回家，那么遭殃的就是自己的两个儿子。下班回家后，约翰发现奈特在自己家中，他很害怕，就去邻居家待了一会儿，直到晚上11点才回家睡觉。约翰万万没想到，这一睡他就再也没能醒来。

对于奈特，当地警察十分熟悉。奈特虽然长得很和善，有一头金发，并化着精致的妆容，却是一个家暴施暴者。她屡次因家暴被请到警察局，而她的前夫大卫不止一次被奈特暴打，甚至跑到警察局向警察求助。

在1999年年底，约翰在街上遇到了大卫，两个同病相怜的男人一起控诉了奈特的暴力行为。约翰对大卫说，他想和奈特分手，却害怕奈特报复自己。在约翰被害后，大卫将这段经历告诉了警方，他表示当时自己能深切感受到约翰的恐惧，那是一种从心底表现出的真正的恐惧。

　　大卫在与奈特相识前，曾是一名酒鬼，他经历过两次严重的创伤事件。一次是目睹好友在事故中丧生，另一次是目睹 6 个孩子丧生于车祸。这两起意外事故给大卫造成了严重的精神创伤，导致他染上了酗酒的毛病。

　　1973 年，大卫与奈特相识，两人很快建立了恋爱关系。奈特是个很强势的女人，大卫完全被奈特控制着。不过大卫很享受这种感觉，因为当他与别人发生争执时，只要奈特出面，对方马上就会服软，毕竟奈特总是用拳头说话。

　　一年后，大卫与奈特结婚了。岳母芭芭拉给了大卫一个十分中肯的建议，说千万不要惹恼奈特，不然她会杀了你。但新婚之夜，大卫就惹恼了奈特，暴怒中的奈特狠狠地掐住大卫的脖子并扬言要弄死他。那么，大卫到底做了什么让奈特如此生气呢？原来是因为大卫只与奈特发生了 3 次性关系就睡觉了。

　　除了暴怒时，奈特还算一个合格的妻子，会主动承担家务，总会做好饭等大卫回家。但奈特是个很容易被惹恼的女人，只要大卫出现了一点儿不符合她期望的言行，例如下班晚回家了十几分钟，那么奈特就会十分愤怒。

　　有一天晚上，大卫回家的时候已经很晚了，奈特就拿着一口铁锅在门口等大卫回来。大卫一进家门，奈特就用铁锅狠狠地砸向他的头部。大卫当场就昏了过去，直到两天后才在医院醒来，他的颅骨因此受到了十分严重的伤害。

　　就在警方准备对奈特提出指控的时候，大卫突然主动撤销了指控，因为大卫受到了威胁，奈特将自己屠宰场的刀具挂在了床头。

　　有一次，大卫早起的时候没有为奈特准备早餐，这让奈特十分恼火，她随手抄起一个平底锅开始殴打大卫。大卫为了逃命，一路逃到了警察局，在警察的制止下，疯狂的奈特才放下了平底锅。

1976年5月，奈特为大卫生下了一个女儿梅丽莎。大卫趁此机会与一名女子私奔到昆士兰州，想要摆脱掉奈特这个女魔头。在得知大卫私奔后，奈特的愤怒达到了巅峰，暴怒的奈特将梅丽莎放在婴儿车里，在路上甩来甩去。后来，奈特被送进了医院，医生认为她患上了产后抑郁症，让奈特在医院里接受治疗。

几个星期后，奈特出院了。不久，奈特就做出了一件十分疯狂的事情，她将只有两个月大的梅丽莎扔在铁轨上，然后拿着一把斧子冲到街上，扬言要杀人，她声嘶力竭地喊道："我要杀人！我要杀很多人！"幸运的是，一名男子及时发现了铁轨上的婴儿，将梅丽莎救了下来。之后，奈特就被警方逮捕并押送到医院。但第二天，奈特就恢复了自由。

几天后，奈特拿着一把刀出现在街上，她随意拦下了一名女子，并刺伤了对方，威胁该女子开车将她带到昆士兰，她要去找大卫。在服务站时，该女子伺机摆脱了奈特的控制。警察接到女子的报案后，立刻赶到服务站。看到警察后，奈特抓住了一个小男孩当自己的人质。

最终奈特被警方控制，并被送到了精神病院。医院的护士在取得了奈特的信任后，得知了奈特的所有计划。按照原定计划，奈特想要杀死服务站的机械师，要不是机械师，大卫的汽车也不会被修好，这样大卫就没有机会开车和情人私奔了。奈特准备去昆士兰找到大卫和他的母亲，然后将他们都杀死。

警方找到了大卫，并将奈特的疯狂行为告诉了大卫。大卫听后，不仅没想远离奈特，反而觉得奈特是个情深义重的女子，他突然想和奈特重归于好，于是大卫主动与情人分手，回到了奈特所在的小镇，等待奈特刑满释放。

1976年8月，奈特恢复了自由，她和大卫以及他的母亲搬到了布里斯班居住。4 年后，奈特又为大卫生下了一个女儿。

有一次，奈特的母亲芭芭拉来家中做客，结果大卫因一句话惹恼了岳母，芭芭拉直接越过车窗掐住了大卫的脖子，这一幕被奈特看到了。奈特的第一反应是冲了出来，来到芭芭拉面前给了母亲一拳，芭芭拉当场晕了过去。大卫的母亲看到这一幕后，十分担心大卫的安全，就劝大卫趁着毫发无损之际赶紧离开奈特这一家子恶魔。

1984 年，奈特离开大卫，搬到小镇和父母一起居住，后来一直在外租房子居住。两年后，奈特和一个 38 岁的男人谈起了恋爱，他名叫戴维。几个月后，奈特开始和戴维同居。

每当两人发生争吵时，戴维就会搬出去居住，而奈特总会软语相求，让戴维搬回来。尽管如此，奈特还是没有改掉暴力的毛病。戴维总会挨打，自从他与奈特同居后，就经常鼻青脸肿地去上班。渐渐地，戴维的朋友和同事都习惯了，甚至还会开玩笑下赌注戴维下一次被暴打的时间。除了日常挂彩外，戴维甚至还被奈特打断了肋骨。

奈特是个喜怒无常的女人，上一秒她还温情脉脉，下一秒她就会变得暴怒不已，甚至会扬言要杀死戴维。在 1987 年 5 月的某一天，奈特毫无征兆地大发雷霆，她威胁戴维说，如果戴维敢背着她找别的女人，她就会用铁锅打碎他的脑袋。为了达到威慑的效果，奈特还当着戴维的面抓住他的宠物狗，用刀割断了小狗的脖子。

1988 年，奈特为戴维生下了一个女儿。戴维因此出首付购买了一套房子，而贷款则由奈特来还。奈特的品位与普通女人不同，她在装饰房子的时候，只会用动物的皮毛、头骨、脚骨，或者用捕捉动物的工具、大砍刀之类的物品。

有一次，戴维和奈特发生了争执。争吵中，奈特突然拿起一把剪刀刺向了戴维的肚子，并用熨斗狠狠地砸向戴维的头部。戴维受了很严重的伤，他立刻从家里搬了出去。几天后，戴维回了家，结果他看到奈特用剪刀将自己所有的衣服都剪碎了，为此戴维只好离开，他向公司请了长假，准备躲一段时间。

其间，奈特一直在打听戴维的下落，在寻找无果后，就去警察局申请了暴力禁止令，这是一项专门针对家庭暴力的规定，凡是家暴受害者都可以申请。暴力禁止令的目的是保护受害者，因此施暴者的行为会受到限制。在这起家庭暴力中，奈特是施暴者，但在警察那里她却开始扮演受害者。几个月后，戴维回来了，他想看看女儿，没想到却得知奈特申请了暴力禁止令。

奈特是当地有名的母夜叉，她不仅会对自己的男人使用暴力，她的女儿们也总会被奈特殴打。有一次，奈特怒气冲冲地来到了一个酒吧，她是来找女儿梅丽莎的。当看到梅丽莎后，奈特直接抓住梅丽莎的头发，然后将梅丽莎的头不停地往桌子上撞。后来梅丽莎跌倒在地，奈特揪住梅丽莎的头发就将她拖出了酒吧。酒吧的人们眼睁睁地看着梅丽莎被殴打，没有一个人敢上前阻止，毕竟谁也惹不起奈特。

从此以后，戴维就与奈特彻底断了联系，之后很长一段时间奈特都没有感情生活，一直到 1993 年与约翰建立了情人关系。

在开庭审理约翰被杀案的时候，法官巴里对 60 名陪审团候选人说，由于证据十分令人恐惧，如果有人担心自己承受不了，可以选择退出。于是 5 名候选人选择了退出。在开庭审理过程中，又有几名陪审团成员申请退出。其实不只陪审团，法官和经验丰富的警察也无法承受如此恐怖的画面，尤其是第一时间到达案发现场的警察。有的警察在此案结束后，一直长期看心理医生，有的警察则申请了长假，来调节心理状态。

在奈特认罪后，法官为其安排了两名精神病学家，对奈特进行精神病评估，评估结果显示奈特患有边缘型人格障碍。

在量刑听证会上，奈特的律师提出了一个要求，即不要让奈特听取案发过程的细节，但律师的这个要求被巴里法官拒绝了。在听取案发过程的时候，警方描绘了约翰被剥皮和斩首的细节。当时奈特突然变得歇斯底里起来，在法庭上大喊大叫。最终奈特被判处终身监禁，永远不得申请假释。此外巴里法官命令将奈特所犯案件的卷宗、犯罪现场的录像永远尘封起来，不得公开。毕竟其中的内容十分恐怖，只要一个心理正常的人看到，都会给其心理造成永远的创伤。

奈特是澳大利亚历史上第一个被判终身监禁并终生不允许保释的女性犯人，她在杀人数量上虽然比不上一些连环杀手，但她的作案手段却十分残暴，会引起任何正常人的不适。

在新州的妇女惩教中心，奈特经常扮演和事佬的角色。没有狱友敢惹奈特，因此一旦有狱友发生争执，只要奈特一出面，事情就解决了。此外在狱中，奈特还培养了一些爱好，例如画画和针织。虽然奈特的表现很正常，根本不像一个女魔头，但狱警却从不敢懈怠，不会让奈特接触到刀子，也不会让奈特和其他犯人单独待在一起，狱警一直担心奈特会在监狱里闹出人命。从来没人来看望奈特，她的亲人和女儿们已经和她断了联系，连个电话也不打。

奈特出生于 1955 年 10 月 24 日，她的父母私生活十分混乱。奈特的母亲芭芭拉的情夫是奈特父亲的好友兼同事。奈特的父亲肯则是个暴力的酒鬼，在喝醉酒后会虐待和强奸芭芭拉。为此芭芭拉十分憎恨丈夫，甚至会给奈特灌输男人可恨和性生活可恶的观念。此外，芭芭拉还总是和孩子们分享性生活的细节。

奈特从小就是在父母的殴打下长大的，芭芭拉或肯只要想打孩子，就会随手抄起一样东西朝孩子身上打去，有时是电线或狗绳，有时是门板上悬挂着的木板，这块木板是芭芭拉和肯专门为教训孩子而准备的。

像奈特父母这样的人，是没有资格为人父母的。对于负责任的父母来说，为孩子提供良好的家庭环境是必须的。但父母不用经过考试，也不用取得任何资格证，只要到了生育年龄就可以成为父母。尤其是在澳大利亚，当时政府为了鼓励生育，凡是生下一个孩子，就会被奖励一笔现金，还有各种牛奶金。不少社会底层人员，例如酒鬼、赌徒等，为了得到这笔奖金而生孩子，却对孩子不管不顾，甚至有的人还会虐待孩子。

除了恶劣的家庭成长环境外，奈特在小时候还经常遭受哥哥的性侵，直到11岁时，奈特才不再受到性侵害，因为她已经学会了用暴力保护自己。这是奈特在法庭上提到的经历，后来得到了家人的证实。

奈特所生活的小镇上，只有1800人，凡是有人做出不道德的事情，就会在镇上快速传播开来。芭芭拉因找了情夫而受到了镇上居民们的唾弃，后来芭芭拉不得不和情夫搬到另一个小镇上暂避风头。

奈特有一个双胞胎姐妹，两人的关系很亲密。除了双胞胎姐妹外，奈特还很喜欢阿姨，这个阿姨对奈特非常关心。但不幸的是，阿姨在1969年自杀身亡了。

在学校里，奈特就是一个暴力狂。从小学开始，奈特就表现出了暴力倾向，她经常殴打低年级的学生。到了高中，奈特的暴力倾向更加严重。在同学们眼中，奈特就是个性格孤僻、独来独往、骄横无礼、欺负弱小的人。

有一次，奈特用一根棒子将一名男同学打伤，男同学还因此被送到医院接受治疗。不过，奈特在对一名老师出手的时候被打伤了。

除了这些劣迹外，奈特还算是一名良好的学生，她学习成绩非常好，经常因全 A 的成绩获得奖学金。高中毕业后，奈特没有读大学，而是在一家服装工厂找到了一份工作，专门负责切割布料。

一年后，奈特离开了服装工厂，她在一家屠宰场找到了一份自己喜爱的职业——剔骨工。奈特十分喜欢切肉，甚至达到了痴迷的地步。在屠宰场里，许多工人在屠杀动物时都会觉得很难过，因此为了让被屠杀的动物免受折磨，工人们会迅速地了结动物的生命。但奈特却对被屠杀的动物毫无同情心，她会将动物的动脉用刀割开，然后欣赏动物慢慢流血而死。后来，奈特拥有了一套剔骨刀具，她十分珍爱这套刀具，就连睡觉的时候也会挂在床头。在屠宰厂里，奈特不仅得到了一份自己喜爱的职业，还收获了一份爱情，她与同事大卫相爱了。对于大卫和与他同样不幸的男人来说，这却是灾难的开始。

【边缘型人格障碍】

边缘型人格障碍者常常有十分强烈的占有欲和破坏欲，并且难以控制自己的冲动情绪和行为，尤其是愤怒的情绪。当边缘型人格障碍者处于愤怒之中时，他的行为会变得极具攻击性。

边缘型人格障碍者的童年往往是不幸的，在童年时期曾经遭受过创伤。例如童年时期遭受过性侵犯，没有得到很好的处理；父母离异，被亲人抛弃、亲人死亡；遭受父母的精神或身体虐待等。

因此边缘型人格障碍者极度缺乏安全感，难以建立稳定的自我认同。他们期望能从人际关系中获得对自己的认同感,尤其是亲密关系。但由于没有安全感,边缘型人格障碍者往往很难信任他人,经常患得患失,害怕自己会被抛弃。这让周围的人与其相处时会感到十分痛苦。

对于边缘型人格障碍者来说,爱情会让他们变得神经质起来,他们会将自己的反复无常表现得淋漓尽致,如果他们感觉爱人背叛了自己,那么就会出现十分疯狂的举动。例如奈特在大卫与人私奔后,会将女儿扔到铁轨上,还到处扬言要杀人。一旦边缘型人格障碍者意识到爱人在刻意和自己保持距离,他们就会主动放下骄傲和尊严,哀求爱人回到自己的身边。例如每当戴维挨打搬出去后,奈特都会主动认错并让戴维回家。

边缘型人格障碍者对自己的情绪缺乏最基本的控制力,具体表现就是情绪的极度不稳定,上一秒还很正常,下一秒就变得歇斯底里起来。例如奈特就是如此,凡是和她同居过的男人,都会觉得她是个喜怒无常的女人,明明刚才还温情脉脉,可能接下来立刻会恶狠狠地威胁,甚至会开始殴打对方。

通常情况下,边缘型人格障碍者会被自己不稳定的情绪折磨得非常痛苦。但一旦他们变得愤怒起来,就会给周围的人带来伤害,因为愤怒的情绪常常伴随着攻击性的行为。例如奈特就总是殴打自己的丈夫或男友。

此外,边缘型人格障碍还伴随着疯狂的自我毁灭行为,例如自残或自杀。当他们觉得自己被爱人抛弃的时候,就会出现自我毁灭的行为,目的是引起爱人的重视。奈特在大卫抛弃自己时,就做出了许多疯狂的举动。大卫也因此被奈特所感动,抛弃了情人,回到了奈特的身边。

虽然边缘型人格障碍者通常会有一个不幸的童年,但童年时期的创伤经历并不是导致边缘型人格障碍的决定性因素。例如奈特,奈特的双胞胎姐妹以及她的哥哥们也同样有一个不幸的童年,遭受了父母的殴打和虐待,但他们却摆脱了童年创伤的影响。儿童的心理虽然脆弱，但恢复能力也很强。不过并不是所有的儿童都拥有强大的心理恢复能力，有的儿童终其一生都困在不幸的童年中，在成年后会出现精神或心理问题，甚至发展成为边缘型人格障碍。

Criminal Psychology

在监狱里举行婚礼——

马克·古多

2005 年 12 月 12 日，美国凤凰城的警方接到报案，有人在路上发现了一具女尸。被害人名叫缇娜·华盛顿，39 岁，在幼儿园工作，下班回家的路上被人杀害。据目击者反映，他看到了凶手的背影，是个身材高大的黑人。

2006 年 2 月 20 日，38 岁的罗梅利亚·巴尔加斯和 34 岁的米尔纳·罗曼被人射杀。两人遇害的地点正好发生了毒贩火拼，警方以为两人是在毒贩火拼时被误杀了。直到凶手被捕后主动交代了这起案件，警方才恍然大悟。

3 月 15 日，凤凰城再次发生命案，这次有两人被射杀，她们的尸体被丢在两家快餐店的后面，相距 1 英里。

3 月 29 日，一个名叫克里斯廷·妮科尔·吉本斯的女子失踪了。一周后，克里斯廷的尸体被人发现，她在遭受了强奸后被人杀害。

6 月 30 日的早上，一家理发店的员工在倒垃圾的时候发现了一具女尸，立刻报了警。被害人是 37 岁的白领卡曼·米兰达，被害时间是前一天晚上，她在被凶手强奸后杀害。

接连发生的命案，让凤凰城的女人们陷入了前所未有的恐惧之中，她们都担心自己可能会成为下一名被害者。

虽然有目击者看到过凶手，但由于凶手在作案时总是戴着面具或假发，这让警方的调查工作进行得十分缓慢。2006 年 9 月，警方才将犯罪嫌疑人的画像发布出去，一名假释官看到画像后立刻想起了一个因抢劫坐过牢的人，于是假释官就对警方说，画像上的人是马克·古多，警方立刻将古多列入了嫌疑人之列。

警方很快将古多逮捕，并对他的住所进行了彻底的搜查。警方找到了大量的可疑物品，例如疑似凶器的手枪。最后 DNA 检测结果显示，古多就是制造这一系列强奸杀人案的凶手。随后，古多也承认了自己所犯下的罪行。在古多所供述的罪行中，除了上述的强奸杀人案，还有两起强奸案。

其中一起强奸案发生在 2005 年的 8 月 6 日，被害人是 3 名少女，其中最大的 15 岁，最小的只有 12 岁。3 名少女在被强奸后就到警察局报案，她们告诉警方，强奸犯是个身材高大的黑人，不过他戴着面具，她们无法看到他的长相。她们被该男子挟持到一座教堂后，遭受了强奸。

另一起强奸案发生在 2005 年的 9 月 20 日晚上 10 点半，被害人是一对姐妹，其中姐姐还怀着身孕。当时姐妹二人一起外出，去超市买东西，从超市出来后就准备回家，结果走了没多长时间就被古多劫持了。由于姐妹二人反抗得非常激烈，古多一时无法得手，于是他就将枪抵在怀孕的姐姐的肚子上，并警告妹妹，不要再反抗，否则就将姐姐打死。妹妹果然放弃了反抗，古多在强奸了妹妹后，又强奸了姐姐，最后将这姐妹二人放走了。姐妹二人等古多离开后，立刻去了警察局报案。在警方的安排下，姐妹二人接受了检查，医生从她们体内提取到了古多留下的精液，这一重要证据在古多被捕后成为关键性的指控证据。

2007年12月4日，古多因强奸罪被判处438年监禁；因数起杀人罪、强奸和抢劫罪被判处9个死刑外加1100年监禁。

1964年9月，古多出生于一个糟糕的家庭。古多的父亲威利是个酗酒、暴力的男人，还总是抽大麻。威利对待孩子的态度十分恶劣，家里的孩子众多，古多是家里的第12个孩子，为此威利制定了许多家规，孩子们必须严格遵守，不然就会遭到父亲的一顿毒打。

古多的父母在第13个孩子出世后不久就离婚了，母亲得到了所有孩子的抚养权。对于一个单身的中年女子来说，一下子抚养13个孩子，是一件十分困难的事情。在古多12岁的时候，他的母亲去世了。

没有了唯一的支柱，这个家立刻变得支离破碎，13个孩子，年龄小的被社区安排送去了福利院，年龄大的则到社会上自谋生路，找工作养活自己。

12岁的古多因此辍学到社会上混日子，由于年龄很小，古多找不到什么正经的工作，渐渐地，他开始走上犯罪的道路。起初，古多只是偷东西，后来发展成了抢劫。再后来古多就慢慢染上了酗酒、吸毒的毛病。

18岁时，古多第一次被关进了监狱，罪名是醉酒驾驶和非法入侵。本来古多还被人起诉强奸，但由于证据不足，他并未获刑。在监狱里待了3个月后，古多就被放了出来。

24岁时，古多认识了一个名叫温蒂·卡尔的女人，两人很快发展成了恋人关系。不过温蒂并未将古多从犯罪的道路上拉回来，在1989年古多再次被警察抓走了。

在被抓捕的时候，古多刚刚强奸了一名女子，他用手枪将女子敲晕后，就准备将女子扔到大海里了事。此时两名路人看到了这一幕，就上前制止了他，然后报了警，警方立刻赶来将古多抓捕。

在审讯过程中，古多很快坦白了罪行，还交代了另外 3 起袭击案和一起抢劫案。最终，古多因数罪并罚被判了 21 年监禁。

尽管古多已经被关进了监狱，但温蒂并未抛弃古多，她不仅会到监狱里探望古多，还与古多在监狱里举行了婚礼，古多受到了许多狱友的祝福。在监狱里，古多表现得很不错，是个模范犯人，因此在 2004 年就获得了假释。

出狱后，古多和温蒂来到了凤凰城生活。古多在一家建筑公司找了一份工作，每天早出晚归去工作，和许多普通男人一样。在邻居们看来，古多是个憨憨傻傻、老实巴交的男人。但这只是表面的和谐罢了，实际上古多一直有十分强烈的犯罪冲动，他想要去抢劫和强奸，最终古多终于无法抑制这股邪恶的冲动，犯下了性质十分恶劣的连环强奸杀人案。对于古多所犯下的所有罪行，温蒂和凤凰城的居民们一样毫不知情，在古多被捕后才得知这一切。

【当犯罪成为生活的方式】

古多曾因袭击、抢劫罪被判了 21 年监禁，但他却被提前放出了监狱，在 2004 年就获得了假释。这是因为假释官认为古多已经发生了改变，他在监狱里表现得不错，会遵守监狱里的规矩，甚至会表现得十分顺从，看起来完全有能力适应社会生活。假释官的判断不无道理，古多出狱后不仅找到了一份工作，他身边还有一个对他不离不弃的女人温蒂。古多的生活似乎正在走上正轨。

但这只是表面现象而已。古多虽然能很好地适应监狱里的生活，并遵守规矩，却根本无法理解遵守规矩的生活方式，只是在监狱的强力管制下不得不按照规矩来。在监狱里，古多只是行为发生了改变，但他的内心却并未被改变，他也从来没有对自己的犯罪行为进行过反思，不然不会出狱后就犯下了一系列性质更加恶劣的罪行。

对于古多来说，他的人生就是由犯罪组成的，他从 12 岁起就开始频繁犯罪，他的思维已经变成了犯罪的模式，如果放弃犯罪，他将会觉得自己的人生无所事事。也就是说，如果古多放弃了犯罪，他根本找不到什么来替代自己的犯罪生活方式，这意味着他之前全部的生活方式都要发生改变，这会让他无所适从。